Orchideen
für jeden

JÖRN PINSKE
Orchideen
für jeden

Was Sie in diesem Buch finden

Einführung

Orchideen – eine ganz besondere Familie

► Pflegehinweise dienen häufig eher der Verunsicherung als der Klarheit. Orchideen wirklich nicht zum Verzehr? Nicht zu viel, aber auch nicht zu wenig Licht? Ja, was denn nun?

Man kann sie inzwischen fast überall kaufen, oft sogar gleich neben der Gemüseabteilung im Supermarkt: eingezwängt in Folientüten, dicht gedrängt im Container, leicht angeschlagen – aber es sind wirklich Orchideen. Daneben gibt es sie im Floristenfachgeschäft, hier dekorativ arrangiert im Glasgefäß, im Designerkübel, vielleicht gar mit bunten Bändern geschmückt. Und natürlich in der Orchideengärtnerei, dort zumeist als begehrtes, lang gesuchtes Sammlerobjekt und alles andere als preiswert. Orchideen sind heute also gleichzeitig Inbegriff »billiger« Massenware, kostbarer Schönheit und elitärer Sammlerleidenschaft. Nach wie vor freilich umgibt sie alle etwas Geheimnisvolles. Sind sie am Ende vielleicht doch »Schmarotzer«? Oder gar »Fleisch fressende Pflanzen«? Und sind sie in den Tropen eher selten? Auf all diese Fragen sollen hier Antworten gegeben werden, Antworten, die es jedem ermöglichen, Orchideen zu pflegen und sie trotz des Massenangebots als etwas ganz Besonderes zu schätzen!

► Die Vielfalt der angebotenen Orchideen ist groß, nicht immer aber entspricht die Qualität den Erwartungen. Auch ohne Pflegefehler sind Misserfolge manchmal vorprogrammiert.

Orchideengeschichte(n)

Seit 1588 der Heidelberger Botanikprofessor Tabernaemontanus (Jacob Diether) in seinem »Kreuterbuch« die erste amerikanische Orchidee (*Stelis*) beschrieb, sind Millionen von Pflanzen nach Europa gelangt; anfangs kamen sie ausschließlich aus der Neuen Welt, später auch aus Asien und Afrika. Beweggrund war nicht immer »botanisches« Interesse, vielfach war es auch Leidenschaft, ja mitunter Gier.

Ein Beispiel für echte Leidenschaft ist der berühmte, aus Bremen stammende Frederik Sander, der nach Wanderjahren in Deutschland, Belgien und England 1885 in St. Albans eine Gärtnerei gründete, die bald zu den weltweit größten Orchideenimportfirmen zählen sollte. Er selbst verließ Europa allerdings nie, sondern schickte Pflanzenjäger, darunter andere deutsche Gärtner, in alle Welt. Bis zu 23 Abenteurer sammelten gleichzeitig für Sander in den Urwäldern. Wobei »sammeln« oftmals nicht das richtige Wort ist. Denn um die hoch in den Bäumen wachsenden Orchideen zu »pflücken«, schlugen die Sammler die Bäume nicht selten einfach um. Zu Tausenden fielen die Urwaldriesen diesem Raubbau zum Opfer. Einige philippinische Inseln wurden völlig geplündert; riesige Orchideensendungen verließen das Land. Doch wegen der damaligen Transportbedingungen kamen nur einige wenige Exemplare heil in Europa an; und von diesen wiederum starben fast alle in den (meist englischen) Gewächshäusern einen schnellen Tod, weil niemand so recht wusste, wie man sie pflegen sollte.
Auch die Sammler lebten nicht ungefährlich. Viele fanden in den Tropen ein frühes Ende oder kamen krank zurück. Einer von Sanders Orchideenjägern, Wilhelm Micholitz, schrieb seinem Chef aus dem Dschungel Vietnams: »Es ist schwer, hier etwas von den Bäumen herunterzukriegen, denn die Stämme sind voller roter Käfer, die ganz fürchterlich beißen.« Zu einer Versteigerung am 16. Oktober 1891 konnte er aber dennoch einige aparte Exemplare von *Dendrobium phalaenopsis* var. *schroederiana* aus Neuguinea liefern. Er hatte sie auf einem Bestattungsplatz der Eingeborenen entdeckt, und eine der Orchideen war noch mit einem Menschenschädel verwachsen, was der Auktion einen besonderen makabren Reiz verlieh. Bis heute kann man in Verbindung mit Orchideen Abenteuerliches lesen. So titelte die *taz* im Juli 2003: »Keine Orchideen mehr für Yang Bin«. Der aus einer armen Nankinger Familie stammende Yang Bin hatte es schon in jungen Jahren zum zweitreichsten Chinesen gebracht – sein geschätztes Vermögen belief sich auf 900 Millionen US-Dollar. Angefangen hatte er 1989 in Holland mit 10 000 Dollar, die er in – offensichtlich sehr lukrative – Textilgeschäfte investierte. 1994 kehrte er mit 20 Millionen Dollar in seine Heimat zurück, wo er mit dem Export von Orchideen und Schnittblumen das Vermögen seiner Firma, der Euro-Asia-Gruppe, kräftig vermehrte. Um einen derartigen Reichtum anzuhäufen, musste er allerdings so manchen »Provinzfürsten« bestechen, was schließlich dazu führte, dass er nun zu 18 Jahren Gefängnis verurteilt wurde.

▲ Diese fantastische Orchideen-Abbildung, im Original handkoloriert, stammt aus dem wohl ersten deutschsprachigen (übersetzten) Orchideenpflegebuch von F. W. Burbridge von 1882. Abgebildet ist keine Zimmerorchidee, sondern die *Disa grandiflora* (bzw. *uniflora*) aus Südafrika. Wer diese Pflanzen mit Erfolg pflegen kann, hat es geschafft!

Allgemeines zu Lebensweise und Pflege

Die meisten Orchideen stammen aus wärmeren Gebieten der Erde, doch gibt es auch solche, die in unseren gemäßigten Breiten zu Hause sind. Dies sind so genannte Erdorchideen – Arten, die, genau wie unsere Stauden im Garten, ihre oberirdischen Teile in der winterlichen Ruhe verlieren.

Man möchte es nicht glauben, aber fast jede zehnte Blütenpflanze ist eine Orchidee. Wahrscheinlich gibt es mehr als 30 000 Arten! Dazu kommen die Züchtungen, inzwischen weit mehr, als es Arten in der Natur gibt. Die meisten unserer Zimmerorchideen sind solche Züchtungen und häufig leichter zu pflegen als die Ursprungsformen.

Orchideen sind »Überpflanzen«

Am 12. Oktober 1492 erreichte Christoph Kolumbus die Neue Welt. Er ging auf einer Insel der Bahamas an Land, die von den Einheimischen Guanahani genannt wurde, der er jedoch den Namen San Salvador gab (spanisch für »Heiliger Retter«). In seinem Tagebuch notierte er am 16. Oktober: »Ich bemerkte zahlreiche Bäume, die von den unseren recht verschieden waren, darunter solche, wo auf ein und demselben Stamm verschiedenartige Zweige wuchsen, was ganz eigenartig anmutet.« Und kurz darauf heißt es: »... sodass auf ein und demselben Baume fünf oder sechs vollkommen verschiedene Arten zusammentreffen.« Kolumbus war somit der erste Europäer, der die Epiphyten beschrieb. Das Wort **Epiphyten** leitet sich her vom Griechischen epi = »über« und phytos = »Pflanze«, bedeutet wörtlich übersetzt also »Überpflanzen«; gebräuchlicher ist freilich der Ausdruck »Aufsitzer-« oder »Luftpflanzen«. Epiphyten mussten den Boden verlassen, weil sie dort von anderen Pflanzen verdrängt wurden, die schneller wuchsen. Nur so konnten sie ausreichend Licht zum Wachsen erhalten. Sie ernähren sich ausschließlich über Niederschläge und organische Ablagerungen. Man schätzt, dass rund 10 % aller landlebenden Pflanzen epiphytisch wachsen. Es sind Farne, Bromelien, Pfeffergewächse und andere, darunter aber eben auch 70 % aller Orchideen.

Andere Orchideen jedoch blieben »bodenständig«. Der Botaniker sagt, sie wachsen terrestrisch, eine Ableitung von dem lateinischen Wort terra = »Erde«. (Die wohl bekanntesten Beispiele sind unser heimischer Frauenschuh und das Knabenkraut, beides nämlich auch Orchideen.)

Wieder andere Orchideen wachsen auf Felsen. Sie heißen **»lithophytisch«,** vom Griechischen *lithos* = »Felsen« und wiederum *phytos* = »Pflanze«.

Und dann gibt es unter den Orchideen tatsächlich so etwas wie »Schmarotzer«; auch diese haben natürlich einen wissenschaftlichen Namen: **Saprophyten,** von sapros = »in Fäulnis übergehend«. Freilich faulen sie aber keineswegs vor sich hin, sondern können lediglich keine grünen Blätter bilden. Sie ernähren sich von der Gemeinschaft mit Pilzen, etwas, was die übrigen Orchideen nur im Jugendstadium tun.

► Viele Orchideen, Farne und Bromelien, aber auch andere Pflanzen wachsen als »Aufsitzer«. Man tut diesen Epiphyten aber Unrecht, wenn man sie als Schmarotzer bezeichnet, sie suchen nur das Licht. Hier ein mit Epiphyten bewachsener Baum in einem Bergregenwald.

Was ist noch anders bei Orchideen?

◄ So ein Schuh vom »Frauenschuh« ist eigentlich die »Lippe« der Orchidee. Eine raffinierte Falle. Der Ausgang für Insekten führt unweigerlich zum Pollen und zur Narbe und sichert die Bestäubung.

Die Familie der Orchideen entstand vor etwa 120 Millionen Jahren. Sie ist damit eine relativ junge Pflanzenfamilie und hat noch keine fest gefügten Strukturen. Vielmehr werden unterschiedliche Überlebensstrategien ausprobiert, mit immer neuen Überraschungen für Botaniker. So entdeckte man erst kürzlich in Australien eine Orchidee, die genau denselben Duftstoff (Sexuallockstoff) entwickelt, den Wespenweibchen produzieren, um männliche Artgenossen anzulocken. Die Wespenmännchen folgen dem verführerischen Duft auf die Orchideenblüte, versuchen dort, mit der Blüte zu kopulieren, und bestäuben dabei die Pflanze. Diese Orchidee ist von einer einzigen Wespenart abhängig. Häufiger imitieren Orchideen Form und Farbe eines (weiblichen) Insekts, oder sie entwickeln Lockstoffe für mehrere Insektenarten.
Bisweilen ist die Blüte (für den menschlichen Betrachter) eher unscheinbar, hält aber wochenlang. Andere Orchideen »protzen« mit Form, Größe und Farbe. Fast alle Orchideen sind auf die Bestäubung durch Tiere, meist Insekten, angewiesen. Eine große Rolle spielen auch Ameisen. Die Blüte ist in erster Linie die Werbefläche der Orchidee – und Stardesignerin Mutter Natur sparte nicht mit Farbe, Form und Duft. Mit diesen wird der »Kunde« (Insekten und Vögel) in die Blüte gelockt. Das kann auf Dauer freilich nur funktionieren, wenn sich im Angebot dann auch etwas Lohnendes finden lässt; in unserem Fall ist es meist Nektar, d.h. eine ebenso schmackwie nahrhafte Zuckerlösung. Nun ist der Sinn des Lockangebots natürlich nicht eine »barmherzige Speisung«, sondern besteht darin, den eigenen Pollen (Blütenstaub) zu einer anderen Blüte bringen zu lassen. Orchideenpollen wird als »Paket« versandfertig an das besuchende Insekt geheftet und kann dann passgenau an der Blütennarbe des Empfängers abgeliefert werden. Landeplatz mit Wegweiser ist in der Regel die so genannte Lippe.
Je nach Bestäuber unterscheidet sich das Angebot der Orchideen: So kann süßer Duft am Tag Bienen locken oder bei Dunkelheit Nachtfalter, die es ebenfalls besonders süß lieben. Für Aasfliegen hingegen kann es gar nicht faulig genug stinken. Dazu kommt noch die Farbe. Für Bienen kann sie gelb oder blau, jedoch nicht rot sein, während Aasfliegen ein mattes Braun oder

◄ Deutlich sichtbar: Saftmale auf der Lippe einer *Cattleya*, die dem Besucher den direkten Weg zum Nektar weisen. Die Saftmale sind häufig gelb gefärbt oder reflektieren UV-Licht, das viele Insekten als Farbe wahrnehmen können.

Purpur bevorzugen. Pflanzen, die Nachtfalter ansprechen wollen, blühen häufig weiß, denn nachts spielt die Farbe keine Rolle.
Auch die Form der Blüte ist angepasst: als Röhre, Schüssel – oder geniale Falle wie beim Frauenschuh. Hier wird ein Insekt angelockt, doch der scheinbar sichere Landeplatz am Schuh (die Lippe) entpuppt sich als »glatte« Falle. Das Insekt, das in den Schuh rutscht, hat entweder Pollen mitgebracht oder bekommt ihn nun »aufgeklebt«. Und der Weg zurück in die Freiheit führt unweigerlich an der Narbe vorbei – und zur nächsten Bestäubung!

Aufbau der Blüte

Aller Vielfalt zum Trotz besteht die Blüte einer Orchidee immer aus 3 Kronblättern (auch Petalen genannt) und 3 Kelchblättern (Sepalen). Diese sind immer so angeordnet, dass man eine Linie durch die Mitte der Blüte ziehen könnte und zwei spiegelgleiche Hälften erhielte. Doch das reicht den Botanikern noch nicht als Identifizierungsmerkmal. Erst wenn sich im Mittelpunkt der Blüte, am Ansatz der beiden Petalen und in Verlängerung des Fruchtknotens, ein länglicher herausragender fester Teil befindet, die so genannte Säule (Columna), sind sie sicher, dass es sich um eine Orchidee handelt. Von den Petalen ist übrigens immer eine anders geformt als die beiden übrigen. Man bezeichnet sie als Lippe, die hinsichtlich Form, Farbe und Größe je nach Orchidee sehr unterschiedlich aussehen kann. Beim oben bereits genannten Frauenschuh etwa hat sie die Gestalt eines Pantoffels. Manchmal ist sie nur klein und unauffällig, dann wieder dominiert sie die Blüte. Häufig ist sie mit der Säule verwachsen. Neben unterschiedlicher Form und Farbe weist die Lippe manchmal fleischige Erhebungen oder Platten auf, die farblich abweichen, dunkler oder heller sind. Diese sind sozusagen die Hinweisschilder zum Nektar oder Pollen.
Da der Pollen ja nicht gefressen, sondern transportiert werden soll, wird Nektar so angeboten, dass der Pollen unbemerkt aufgeklebt wird, und zwar genau an der Stelle, wo sich beim Besuch der nächsten Blüte die Narbe befindet. Und weil die Narbe eine besonders klebrige Oberfläche hat, kann sie den Pollen festhalten.
Für die Praxis ist es wichtig zu wissen, dass sich die Pollen leicht ablösen und die Orchidee danach sehr schnell verblüht. Deshalb muss man beim Transport insbesondere von *Oncidium* und den »Cambrias« aufpassen, dass sich Pollen nicht lösen. Bei der Pflege spielt das Aussehen der Blüte keine Rolle; wichtig ist, die Orchidee überhaupt zur Blüte zu bringen. In der Natur blühen Orchideen zu der Zeit, zu der ihre Bestäuber unterwegs sind. Und das richtet sich nach Jahreszeit bzw. Temperatur und Niederschlag.

► Jede Orchideenblüte ist eigentlich anders, doch letztlich haben alle einen gemeinsamen Bauplan. Größe und Farbe können sich jedoch stark unterscheiden.

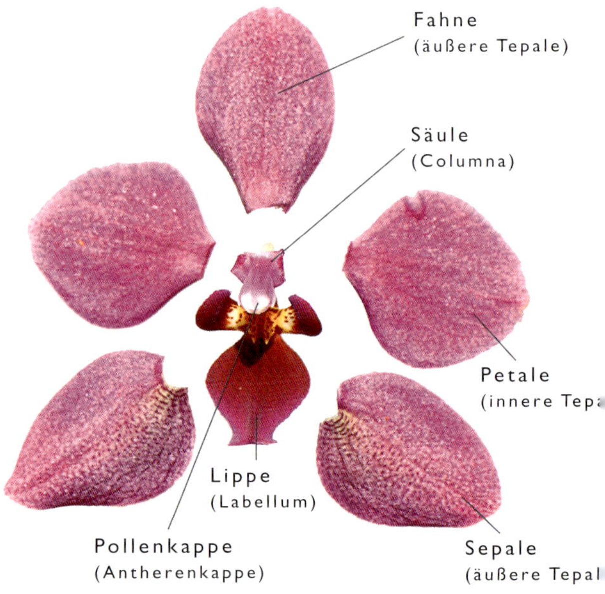

Die Wurzeln

Bei epiphytischen Orchideen sind die Wurzeln zu so genannten Luftwurzeln umgebildet. Dabei kann man mehrere Typen unterscheiden: Wurzeln, die rein in die Luft streben, andere, die in das Substrat wachsen, und schließlich solche mit einer Doppelfunktion als Halte- und Versorgungsorgan. Die eigentliche Wurzel ist immer von einer schwammigen weißlichen Hülle, dem **Velamen,** umgeben. Dieses besteht aus abgestorbenen Luft führenden Zellen, die nunmehr wie ein Schwamm Wasser aufsaugen und speichern – nur so können Orchideen epiphytisch überleben. Bei den **terrestrischen Orchideen** (Geophyten) bildet sich nur vorübergehend ein Velamen; dafür gibt es später, dann als Erdwurzel, reichlich Wurzelhaare. Die Wurzelspitzen sind immer glatt und meist fleischig. **Luftwurzeln,** die bis zwei Drittel des Gesamtvolumens der Pflanze ausmachen können, sind zunächst glatt und rund, ihre Spitzen gelb oder grün, manchmal auch rötlich. Das Grün ist Chlorophyll (Blattgrün). Die grünen Wurzelspitzen richten sich nach dem Licht aus, sie benötigen Licht und Luft. Wärme im Wurzelbereich fördert das Wurzelwachstum. Kälte, auch Verdunstungskälte (z. B. im Tontopf bei zu viel Wasser), führt dazu, dass die Wurzeln ihr Wachstum einstellen oder sogar absterben. Erreichen die Luftwurzeln eine feste Unterlage, verändern sie sich und werden zu **Haftwurzeln.** Sie klammern sich so fest an ihre Unterlage, dass man sie nicht wieder unbeschädigt ablösen kann. Manche Orchideen bilden zusätzlich **Nestwurzeln** aus. Dies sind nach oben gerichtete Seitenwurzeln. In solchen »Nestern« sammeln sich pflanzliche und tierliche Reste (Laub u. a.), die sich dort zersetzen und als Nahrungsquelle dienen. Im Innern der Orchideenwurzel liegt das zentrale Versorgungssystem (Leitbündel), umgeben von einer dünnen Haut (Endodermis). Es folgen die Rinde mit einer verkorkenden Schicht (Exodermis) und schließlich das Velamen (Epidermis). Besondere Durchlasszellen in Rinde und Velamen übernehmen den Wassertransport mit darin gelösten Nährstoffen zum Versorgungssystem. Dieses zentrale System ist aber nicht nur für den Nährstoff- und Wassertransport verantwortlich, sondern wegen seiner Festigkeit (sogar noch im abgestorbenen Zustand) auch für den Halt der Pflanzen von Bedeutung.

◄ Die Wurzeln der Orchideen verbinden sich fest mit der Unterlage. Sie sichern das Überleben bei Sturm und Regen.

Die Bildung neuer Wurzeln zeigt den Vegetationsbeginn der Orchidee an. Die Sprosstriebe erscheinen erst später. Außerdem leben Orchideen, mindestens zeitweise, in Symbiose mit einem Pilz; man nennt dies auch **Mykorrhiza.** Ein Vorteil dieser Lebensgemeinschaft besteht darin, dass die extrem dünnen Pilzfäden das Substrat viel besser durchdringen als Wurzeln und damit einen besseren Zugang zu den spärlich vorhandenen Nährstoffionen haben. Orchideenwurzeln sind empfindlich und reagieren sofort auf ungünstige Pflegebedingungen: Zuerst stellen sie das Wachstum ein; ändert sich nichts, sterben sie ab. Reich bewurzelte Pflanzen sind das Ziel der Pflege.

◄ Die grüne Wurzelspitze zeigt an, dass die Luftwurzel gesund ist. Dahinter das meist graue »Velamen«, eine Saugschicht.

Bulben und Blätter

Sprossachse und Blätter bilden den Spross. Dieser kann entweder immer nach oben wachsen oder jedes Jahr zu Beginn der Wachstumszeit einen oder mehrere neue Triebe entwickeln. Man unterscheidet **monopodial (einsprossig)** und **sympodial (mehrsprossig)** wachsende Orchideen. Monopodiale haben eine senkrechte Sprossachse und wachsen ständig in eine Richtung weiter. Der untere Teil kann im Laufe der Jahre absterben. Am Spross, jeweils im Abstand der Sprossknoten (Internodien), werden meist zweizeilig angeordnete Blätter gebildet, in deren Achseln später Blüten entstehen können.
Sympodial wachsende Orchideen besitzen einen waagrechten (kriechenden) Spross, aus dem sich die Triebe senkrecht emporstrecken.
Ein Beispiel für eine monopodial wachsende Orchidee – ohne Ruhezeit – ist die bekannte Falterorchidee *(Phalaenopsis)*. Der Frauenschuh hingegen entwickelt sich sympodial. Teile vom Spross können als Reservelager verdicken (Scheinzwiebeln, Pseudobulben oder, wie der Gärtner einfach sagt, Bulben). Auf den Bulben befinden sich ein oder zwei Blätter und endständige (akranthe) oder seitenständige (pleuranthe) Blütentriebe. Alle Orchideen mit Bulben (Speicher) haben eine mehr oder weniger lange Ruhezeit.
Diese Ruhezeit ist von der Entwicklung abhängig und richtet sich nach den klimatischen Bedingungen des Herkunftsortes. Bei den Züchtungen hat sich der Rhythmus naturgemäß vollkommen verschoben. Aber immer gilt: Eine Orchidee, die nicht wächst, ruht. So logisch dies klingt – hier liegen die meisten Schwierigkeiten in der Pflege.
Die Blätter von Orchideen sind unterschiedlich geformt, manchmal weich, dann wieder fast sukkulent wie bei Kakteen. Grundsätzlich erfüllen sie jedoch sämtlich die Aufgaben aller anderen Blätter im Pflanzenreich.

Pflege nach der Herkunft

Einige Orchideen leben in den tropischen Küstengebieten Südamerikas, Asiens und Afrikas, im Kongo- und Amazonasbecken. Dort herrscht feuchtheißes Tropenklima, Temperaturen am Tag um 35 °C, mit geringer nächtlicher Abkühlung. In der Regenzeit gibt es nachmittags starke Gewitter, die Trockenzeit ist eher kurz. So leben die Orchideen einerseits nass, auch in der Nacht, andererseits am Tag durch die Sonne extrem trocken. Dass sie nachts nicht zu faulen beginnen, wird durch die Bewegung in der Luft verhindert – eine Maßnahme, die im Gewächshaus oder in einer Vitrine durch einen Ventilator imitiert werden sollte. Orchideen aus dieser Klimazone nennt man **Warmhausorchideen.** Mehr als 60 % aller Orchideen sind allerdings im **temperierten Bereich** zu Hause. Meist

► Die Speicherorgane (»Bulben«) können ganz unterschiedlich geformt sein. Meist sind sie zusätzlich von Hüllblättern umschlossen. Von links: Bulben von × *Wilsonara*, *Coelogyne* und *Cattleya*.

TIPP Vertikale Klimazonen
Manchmal lassen sich sämtliche erwähnten Klimabereiche in nur einem geografischen Gebiet finden, in den Anden etwa oder im Himalaja. Herkunftsbezeichnungen wie Peru oder Indien sind also zunächst wenig hilfreich, denn Klimabereiche können sich durch die Höhe der Standorte unterscheiden.

leben sie in Gebirgsketten, sei es im Himalaja, auf der malayischen Halbinsel, in Indonesien, Neuguinea oder den südamerikanischen Anden. Hier regnet feuchte Luft als Steigungsregen ab, oder es bilden sich Feuchtigkeit abgebende Nebel. In diesem Nebelwald fühlen sich Orchideen wohl. Er ist ein Paradies für alle Epiphyten, die je nach Höhenlage in unterschiedlichen Klimazonen leben. Zwar wechseln auch hier Regen- und Trockenzeiten, doch selbst in Trockenperioden gibt es noch nächtlichen Nebel und morgendlichen Tau. Die Differenz zwischen Tag- und Nachttemperatur kann bis zu 10 °C betragen; dies sollte in der Kultur möglichst nachgeahmt werden. Und mit dazu gehört natürlich immer auch genügend Frischluft. Schließlich trifft man Orchideen in Savannen- oder Steppengebieten auf Höhen zwischen 500 und 1000 m in leicht hügeligen Gebieten mit eher geringem Baumbewuchs. Diese so genannten **kalt wachsenden Orchideen** leben lithophytisch oder epiphytisch auf Bäumen entlang von Wasserläufen. Sie müssen eine lange Trockenperiode überstehen und werfen oft am Ende der Wachstumszeit ihre Blätter ab. In der Wachstumszeit sind die Tage heiß und trocken, die Nächte kühl; der Unterschied kann bis zu 20 °C betragen. Im Winter kann die Temperatur nachts sogar bis zum Gefrierpunkt sinken. Pflanzen aus dieser Zone sind für die Zimmerkultur ungeeignet, im kalten Gewächshaus kommt es auf die Einhaltung der Ruhezeit und das richtige Gießen an.

▲ Ein reich blühendes *Oncidium* im Bergwald in den Anden. Fast bricht der Ast unter der Last dieses Epiphyten.

Die bereits mehrfach erwähnten **Erdorchideen** findet man in gemäßigten Zonen und in kalten Gebieten, ob in Sibirien, Europa, China oder Japan, in Nordamerika oder in höheren Regionen der Anden oder Patagoniens. Einige – auch hier gibt es schon Züchtungen – sind für den Garten geeignet. Sie heißen deshalb auch **Gartenorchideen.**

◄ Eine Züchtung des Frauenschuhs als Gartenorchidee. Die Pflanze stammt aus der Gattung *Cypripedium*. Solche Exemplare werden manchmal in Staudengärtnereien angeboten.

▲ Samenkapsel einer Orchidee, *Chysis laevis*, mit einer mehrblütigen Rispe. Sie wurde bestäubt und muss bis zur Reife noch mehrere Monate wachsen.

Wie vermehren sich Orchideen?

Ist eine Orchidee bestäubt worden, welkt sie relativ schnell, manchmal schon nach Stunden. Der Fruchtknoten schwillt an, die Blütenblätter werden entweder abgeworfen oder bleiben verwelkt haften, und es bildet sich eine Samenkapsel. Nach einer Wachstums- und Reifezeit, die mehrere Wochen, aber auch bis zu 2 Jahre dauern kann, wird der Samen ausgeworfen. (Die Falterorchidee beispielsweise braucht »nur« 9 Monate bis zur Reife.)
Der fast nährgewebelose Keimling (Embryo) in den winzigen Samen ist auf eine anhaltende oder zumindest zeitweilige Symbiose mit wurzelbewohnenden Pilzen angewiesen (endotrophe Mykorrhiza): Der Wurzelpilz dient sozusagen als Amme. Ohne die Nährstoffe, die der Pilz zur Verfügung stellt, wäre kein Wachstum nach der Keimung möglich. Weil dieser Pilz nicht leicht zu finden ist, sind Orchideen, auch in den Tropen, recht selten – obwohl eine Samenkapsel mehrere Millionen Samen enthalten kann! Wächst die Orchidee jedoch erst einmal, kann sie eigentlich auf den Pilz verzichten; manchmal bleibt er dennoch in bestimmten Zellen in der Wurzel aktiv. Die Pflanzen, die wir zu Hause kultivieren, haben freilich nie einen Pilz benötigt.

Rekordverdächtig

Die kleinste Orchideenblüte hat einen Durchmesser von ca. 2 mm, die größte misst fast 14 cm. Bei der Gesamtpflanzenlänge ist das nicht anders: Sie reicht von wenigen Millimetern bis zu meterlangen Ranken. (Die bekannte Vanille, eine Orchidee, die uns den herrlichen Aromastoff liefert, hält diesen Rekord.) Eine Art, die einen 5 m langen Spross entwickelt, dürfte die schwerste Orchidee sein. Wer den Rekord bei den Farben hält, lässt sich weniger leicht ermessen, doch alle Farben sind möglich. Ob Weiß, Rot, Blau, Schwarz oder Grün – Orchideen bieten das gesamte Spektrum.

Moderne Vermehrungsmethoden

Da die Nährstoffe, die eigentlich der Pilz liefert, heute direkt im Labor (im Reagenzglas) an den Samen gebracht werden, ist die Anzucht ohne Pilz möglich. So können aus einer einzigen Samenkapsel sehr viele Pflanzen heranwachsen. Allerdings sind die aus einer Samenkapsel gezogenen Pflanzen nicht alle gleich (Orchideen »streuen«, sagen die Gärtner). Das gilt für alle Orchideen, besonders aber für die Gattungshybriden. Aus ihren Nachkommen werden neue Farben, Formen oder Größen ausgesucht, die dann wieder Eltern neuer Sorten werden. Findet sich in der Sorte eine besonders schöne Variante, kann sie eine Zusatzbezeichnung zum

► Neben den kleinen Blüten dieser *Masdevallia* (Bild oben) erscheint die 5-Cent-Münze riesig. Ganz anders die rankende Pflanze der bis zu 15 Meter langen, auf Madagaskar wachsenden Vanille. Die ätherischen Öle der Schoten haben über 35 Duftkomponenten.

Sortennamen erhalten. So kann der Name der Sorte z. B. bei einer Falterorchidee »Rotkäppchen« lauten, eine Pflanze (Varietät) aber zusätzlich die Bezeichnung »Schönste« erhalten. Korrekt heißt sie dann *Phalaenopsis* Rotkäppchen 'Schönste'. Und so bezeichnet wird wirklich nur diese »eine« Pflanze.
Um eine solche besonders schöne Pflanze zu vermehren, kann man sie teilen (bei sympodialen Orchideen), man kann sogar, bei einigen wenigen (monopodialen), Kopfstecklinge machen. Oder man wendet eine besonders raffinierte Methode an: die **Gewebevermehrung.** Dabei werden Zellen aus einer Pflanze gewonnen und zur Teilung angeregt. Das Ergebnis wird wiederum geteilt, bis die gewünschte Anzahl erreicht ist. Anschließend können die Zellen wachsen, und es entstehen zu 100 % identische Nachkommen (meristeme oder gewebevermehrte Pflanzen, auch Mericlone genannt).

▲ Jungpflanzen einer *Cattleya* vom Gemeinschaftstopf (ca. 1 Jahr) bis zur ersten Blüte nach 5–7 Jahren. Man braucht bei den Orchideen immer Geduld, nicht nur bei der Anzucht, auch bei der Pflege.

◄ Die Kinderstube der Orchideen ist heute nicht in den Tropen, sondern im Labor. Hier verbringen die Samen oder Meristeme ihre ersten Monate und wachsen wohl behütet unter idealen Bedingungen.

Gießen

Wasser ist nicht gleich Wasser

Leider ist die Wasserqualität in Deutschland nicht überall gleich. Für Orchideen sind der Gesamtsalzgehalt und die Säurekapazität von Bedeutung, also die Leitfähigkeit (Salzgehalt) und die Gesamthärte oder, genauer gesagt, der Gehalt an Kalzium und Magnesium. Meist ist nur bekannt, ob hartes oder weiches Wasser aus der Leitung kommt. Für die Orchideenkultur ist jedoch wichtig zu wissen, woraus sich die Wasserhärte bildet, ob Kalzium oder Magnesium dafür verantwortlich sind. Da die meisten Düngemittel kein Kalzium enthalten, kann dieses sogar nützlich sein. Magnesium wird zwar ebenfalls benötigt, kann aber in größeren Mengen auch schaden. Allgemein ist weiches Wasser für Orchideen besser als hartes. Denn es ist einfacher, das pflanzennötige Kalzium direkt zu geben: halbjährlich bei weichem Wasser für einen 10-cm-Topf 1 Teelöffel kohlensauren Kalk, für größere Töpfe entsprechend mehr.

Das richtige Gießwasser

Leitungswasser sollte immer zimmerwarm und »abgestanden« verwendet werden (Chlorgas benötigt mindestens 30 Minuten zum Entweichen). Hartes Wasser kann man abkochen, durch eine Kaffeemaschine laufen lassen oder ein Entkalkungsmittel einsetzen. (Durch Kochen des Leitungswassers entfernt man die so genannte temporäre Härte aus dem Wasser. Diese fällt als Kesselstein aus. Bei sehr hartem Wasser reicht ein Abkochen des Wassers allein nicht aus.)
Eine andere Möglichkeit ist die Verwendung von **Regenwasser,** wobei dieses nicht von einem stark verunreinigten Dach stammen darf.

Regenwasser muss kühl und dunkel lagern, um die Ausbreitung von Bakterien zu verhindern. Wenn die Orchideensammlung noch nicht zu groß ist, kann man auch destilliertes Wasser (also Wasser ohne jegliche Salze) kaufen und dieses mit Leitungswasser mischen. Auf keinen Fall dürfen Orchideen aber ausschließlich mit destilliertem Wasser gegossen werden. Bei sehr hartem Wasser (20–30 °dH) kommt 1 Teil Leitungswasser auf 2 Teile destilliertes Wasser. Bei mittelhartem Wasser (8–20 °dH) mischt man Leitungs- und destilliertes Wasser im Verhältnis 1:1. Im Handel angebotene Wasserfilter, die eigentlich für die Herstellung von Tee- oder Kaffeewasser gedacht sind, eignen sich ebenfalls zur Herstellung von Gießwasser für Orchideen. In diesen Geräten werden dem Wasser die störenden Salze (meist Kalk) entzogen und gegen Protonen ausgetauscht. Das gefilterte Wasser kann direkt verwendet werden.

TIPP **Der Wasserbedarf von Orchideen richtet sich nach:**

- **Orchideenart (woher stammt sie, Steppe oder Regenwald?)**
- **epiphytisch oder terrestrisch lebend**
- **Gesamtgröße, sukkulente oder weiche Blätter (Verdunstungsfläche des Blattwerks)**
- **Topfgröße (Substratvolumen im Verhältnis zur Pflanzengröße)**
- **im Gefäß oder aufgebunden wachsend**
- **Topfart (Ton oder Kunststoff, Holzkörbchen)**
- **Substrat (anteilige Bestandteile wie Torf, Rinde, Kokos oder Styropor)**
- **Standort (Umgebungstemperatur, Zimmer, Wintergarten oder Gewächshaus)**
- **Luftbewegung am Standort (geöffnete oder geschlossene Lüftung)**
- **Jahreszeit (Wachstumsperiode, Ruhezeit)**

▲ Der Finger ist immer noch das beste Prüfinstrument, um die Feuchtigkeit zu messen. Fühlt sich das Substrat kalt (nass) an, wird nicht gegossen.

Gießen mit Gefühl!

Der Erfolg der Pflege von Orchideen hängt vor allem vom richtigen Gießen ab. Als »Aufsitzer« sind sie nicht gerade mit üppigen Wassergaben verwöhnt. Deshalb darf es nicht verwundern, dass fast alle Ausfälle letztlich auf **Gießfehler** zurückgehen, genauer gesagt auf **zu viel Wasser!** Wasser läuft sehr schnell durch die Orchideenerde, denn anders als die Blumenerde der üblichen Zimmerpflanzen ist dieses Substrat extrem durchlässig. Für Orchideen reicht es trotzdem aus. Als Epiphyten mussten sie lernen, mit extrem wenig Wasser auszukommen, und sie können mithilfe Ihrer Luftwurzeln auch Luftfeuchtigkeit nutzen. Der tropische Regen (oder das Gießen!) kommt kurz, aber mit relativ viel Wasser. Obwohl das meiste einfach abläuft, vermag eine Orchidee mit gesunden Wurzeln den nötigen Wasserbedarf im Velamen ihrer Wurzeln zwischenzuspeichern. Von dort wird es dann langsam in die Pflanze transportiert. Damit das System funktioniert, muss die Wurzel natürlich gesund sein.

► Schlaffe Blätter, der Wasserrand am Topf und die braunen Wurzelspitzen sind sichere Anzeichen dafür, dass diese Pflanze »vergossen« wurde. Zu viel Wasser ist häufiger als zu wenig!

Gibt es eine sichere Gießmethode?

Jeder Mensch verfügt über ein ganz einfaches Prüfinstrument: den **Finger.** In diesem Fall kommt es allerdings einmal nicht auf den sprichwörtlichen grünen Daumen, sondern auf den Zeigefinger an. Dieser wird einfach mit leichtem Druck in das Substrat gehalten, *ohne dabei hinzusehen!* Fühlt sich das Substrat kühl an (Verdunstungskälte), wird nicht gegossen! Eine weitere Hilfe kann es sein, den Topf einfach anzuheben. Ist er eher leicht, ist das Substrat durchgetrocknet und man kann gießen. Wirkt er dagegen schwer, enthält es noch genug Feuchtigkeit. Mit der Zeit bekommt man ein Gefühl dafür. Lassen Sie sich niemals nur von der oberen Substratschicht täuschen. Auch wenn diese schon lange trocken ist, kann es im Inneren des Topfes immer noch sehr nass sein. Altes Substrat hält das Wasser länger als frisches, lockeres. Innerhalb einer Woche muss die Feuchtigkeit im Topf trocknen. Ist dies in kürzerer Zeit der Fall, muss nachgegossen werden. Dauert es länger, muss man seltener gießen. Gut zu beobachten ist dies in den durchsichtigen Pflanztöpfen, die immer häufiger für Orchideen genutzt werden.

Wasserstandsanzeiger für Hydrokultur oder SERAMIS® wurden ausschließlich für diese Systeme entwickelt. Andere Feuchtigkeitsfühler sind für Orchideensubstrate ungeeignet.

◄ Hydrokultur oder, wie hier SERAMIS®, schützt nicht vor zu viel Wasser. Der Wasserstandsanzeiger kann nur Hinweise geben, wenn er auch funktioniert. Kontrolle ist notwendig.

Luftfeuchtigkeit

In der Luft ist immer auch Wasser enthalten, das man als Luftfeuchtigkeit angibt. Allerdings kann die Luft je nach Temperatur nur eine bestimmte Menge Wasser aufnehmen. Ist diese Menge erreicht, spricht man von 100 % relativer Luftfeuchte. Beträgt die relative Luftfeuchte nur 50 %, könnte die Luft also noch einmal so viel Wasser aufnehmen.

Bei höherer Temperatur kann Luft mehr Wasser aufnehmen als bei niedriger. Besonders im Winter wird die Luft durch die Heizung in der Wohnung schnell erwärmt, kann jedoch kein Wasser aufnehmen, weil es nicht zur Verfügung steht. Nun könnten Orchideen über ihre Luftwurzeln natürlich die Luftfeuchtigkeit direkt nutzen. Bei niedriger Luftfeuchtigkeit jedoch verdunsten die Blätter zusätzlich Wasser in die Umgebung. Folge: Die Orchideen können sogar vertrocknen, wenn nicht genügend Wasser über die Wurzeln nachgeführt wird (kranke Wurzel!). Doch auch hohe Luftfeuchtigkeit kann Probleme verursachen, was im Zimmer allerdings selten vorkommt. In diesem Fall nämlich können (Schad-) Pilze und Bakterien besonders schnell wachsen. Im Mittel sollte die Luftfeuchte nicht unter 40 und nicht über 80 % liegen.

Besprühen

Gemessen wird die Luftfeuchtigkeit in der Nähe der Pflanzen mit einem Hygrometer.

Zu hohe Luftfeuchtigkeit lässt sich durch Lüften senken. Schwieriger ist es, zu niedrige Luftfeuchtigkeitswerte dauerhaft zu erhöhen. Schnelle Abhilfe bringt Besprühen der Pflanzen, allerdings dürfen sie niemals nass in die Nacht gehen. Außerdem ist auf einen möglichst feinen Sprühnebel, regenweiches und zimmerwarmes Wasser zu achten.

Eine weitere Möglichkeit ist das Aufstellen von Wasserschalen (Untersetzer für Balkonkästen oder spezielle Orchideenschalen, wie sie im Fachhandel angeboten werden). Um die Verdunstungsfläche zu vergrößern, befüllt man sie mit Blähton oder SERAMIS®. Die Schalen sollten mehrmals im Jahr gereinigt werden, um der Ansiedlung von Bakterien vorzubeugen. Im Fachhandel erhältliche Wasserverdampfer sind natürlich wirkungsvoller – aber auch teurer.

▼ Nebler arbeiten nach dem Prinzip von Inhaliergeräten. Die Ultraschallmembran des Neblers zerstäubt das Wasser in winzige Tröpfchen (richtiger Nebel), die von der Luft aufgenommen werden. Der Ultraschall liegt in einem für Mensch und Tier unschädlichen Frequenzbereich.

Düngen

Nährstoffe zum Wachsen und Blühen

Leider können auch Orchideen nicht allein von Luft und Liebe leben. Wie alle Lebewesen benötigen sie Nährstoff. Nun mussten sich gerade epiphytisch wachsende Orchideen jedoch daran gewöhnen, mit sehr wenig Nährstoffen auszukommen. Ihnen dient vor allem das Regenwasser, das Auswaschungen aus der Atmosphäre enthält. Dazu kommen Nährstoffe, die aus Staub (selbst in Südamerika nachgewiesen auch aus der Sahara kommend) und aus dem Luftstickstoff stammen. Allerdings können Pflanzen Stickstoff in dieser Form nicht direkt aufnehmen. Sie brauchen dazu Gewitter: Bei jedem Blitzschlag nämlich verbrennt Luftstickstoff, und es bilden sich Stickoxide. Diese können sich dann im Regenwasser lösen und von den Pflanzen aufgenommen werden.

Aus dem Substrat kommen zusätzlich Rückstände von verrotteten Blättern, Tierexkrementen und Ähnlichem. Hauptsächlich der Regen also liefert Epiphyten schwach, aber kontinuierlich alles Lebenswichtige. Das sollte man bei der Pflege berücksichtigen. Ansonsten brauchen Orchideen die Nährstoffe, die auch alle anderen Pflanzen benötigen, nur von allem weniger!

Die Wahl des richtigen Düngers

Weil **organische Dünger** wie Vogeldung, Knochen- oder Hornspäne von Bodenorganismen freigesetzt werden müssen, bevor Orchideen sie nutzen könnten, finden in der Praxis fast ausschließlich anorganische Dünger Anwendung. Eine Ausnahme sind Jauchen (pflanzliche und tierische) und ein flüssiger organischer Handelsdünger.

Anorganische Dünger (mineralische Dünger, Kunstdünger) bestehen aus Salzen, die alle wich-

Welche Nährstoffe brauchen Orchideen?

Orchideen brauchen *Stickstoff* (N) für das Wachstum ihrer Blätter und Triebe. Stickstoffmangel, der freilich sehr selten auftritt, erkennt man an kleinen, meist gelblichen Blättern, eine Überversorgung, die weit häufiger vorkommt, an weichem Pflanzengewebe und dunklem Grün.

***Phosphor* (P) sorgt für die Blütenbildung und gesundes Wurzelwachstum. Phosphormangel erkennt man an einer Rotfärbung der Blätter, besonders der Blattunterseiten (bei *Phalaenopsis* ist die Blattunterseite aber häufig auch ohne Mangel rötlich).**

***Kalzium* (Ca) sorgt dafür, dass Orchideen andere Spurenelemente überhaupt aufnehmen und verwerten können. Außerdem fördert es die Zellvermehrung und damit das Wachstum, insbesondere auch der Wurzeln.**

***Kalium* (K) fördert die Stoffwechselprozesse in der Orchidee und erhöht damit die Widerstandskraft der Pflanze. Bei Kaliummangel kann es zu weichem Gewebe und zu einem Wachtumsstopp kommen.**

***Magnesium* (Mg) fördert ebenfalls Stoffwechselprozesse und sorgt so für Zuwachs. Bei Magnesiummangel – sehr selten – bleiben die Blätter hellgrün.**

Außerdem wichtig für ein kräftiges Wachstum sind Spurenelemente wie *Kupfer* (Cu), *Eisen* (Fe), *Bor* (B), *Zink* (Zn), *Molybdän* (Mb) und *Mangan* (Mn). Diese Elemente werden so bezeichnet, weil sie schon in winzigen Mengen wirken. Bei einigen ist bis heute nicht genau bekannt, wann sie wofür gebraucht werden, aber man weiß, dass sie gebraucht werden!

▼ Die Auswahl ist groß, die Qualität ähnlich, wie soll man sich entscheiden? Jeder Dünger ist besser, als gar nicht zu düngen. Lieber wenig und häufig als einmal und viel.

tigen Elemente enthalten, die eine Orchidee braucht. Je nach Zusammensetzung kann der Dünger individuell an eine bestimmte Orchidee oder die Jahreszeit angepasst werden (Dosierung, Wechsel der Marke). Flüssige Orchideendünger sind praktisch in der Anwendung, da die Dosierung vom Hersteller vorgegeben ist.
»Normale« Flüssigdünger, also solche für Blüten-, Grün- oder Balkonpflanzen, müssen in der Dosierung in jedem Fall *mindestens* um die Hälfte reduziert werden (besser gar nicht erst anwenden!). Eine Besonderheit bilden so genannte Chelatdünger. Hier sind mineralische Salze von organischen Molekülen umgeben. Derartige Dünger (allerdings werden bisher nur Spurenelemente als Chelat angeboten) erhöhen die Leitfähigkeit des Gießwassers nicht so stark wie reine Salze und bieten somit eine besonders schonende Art der Düngung.

Individuelle Düngung

Während die meisten Pflanzen im Frühjahr mit dem Wachstum beginnen (und dann entsprechend mehr Nährstoffe brauchen) und im Winter ruhen (weshalb die Düngung dann reduziert wird), gibt es viele Orchideen, die sich nicht an diesen Rhythmus halten. Wer sich auskennt, muss also die Düngergaben an den Wachstumszyklus der Orchidee anpassen, um ihr Gedeihen optimal zu fördern. Dazu gibt die Orchidee selbst das Zeichen: Beginnt sie mit der Bildung eines Neutriebes oder eines Blattes, sollte auch mit der Düngung begonnen werden.
Entweder benutzt man das ganze Jahr über einen Orchideenvolldünger, oder man verwendet Dünger mit unterschiedlicher Nährstoffzusammensetzung. Die Düngergaben werden über einige Wochen hinweg langsam gesteigert. Zusätzlich kann der Nährstoffbedarf der einzelnen Pflanze berücksichtigt werden. Eine schnell wachsende, große Pflanze bekommt mehr Dünger als eine kleine, langsam wachsende. Während des Wachstums sollte zunächst ein stickstoffbetonter Dünger (Wachstumsdünger) eingesetzt werden, da Stickstoff die »Masse« fördert. Solche Dünger sind im Fachhandel erhältlich. Bevor die Orchidee mit dem Wachstum fertig ist, kommt dann ein phosphorbetonter Dünger zur Anwendung, um die Blütenbildung zu fördern (Blütendünger). In der Ruhephase befindliche Orchideen sollten nicht gedüngt werden.
Orchideen ohne Ruhepause können ganzjährig gedüngt werden, jedoch ist es wichtig, die Düngergaben an das Wachstum und die Blütenbildung anzupassen.

▲ Eine so reich blühende Falterorchidee muss auch ausreichend mit Nährstoffen versorgt werden. »Von nichts kommt nichts«, sagt der Volksmund nicht zu Unrecht. Allerdings: Zu viel des Guten schadet!

Wie wird gedüngt?

Die Konzentration richtet sich nach den Angaben der Hersteller. Als Faustregel kann man jedoch die Anwendung von Dünger bei jeder 3. Gießgabe empfehlen – oder aber bei jeder Gießgabe mit einer mindestens um die Hälfte reduzierten

Anwendungskonzentration (diese wiederum nach Angabe der Hersteller). Um Versalzungen zu vermeiden, kann man Substrate mindestens einmal alle 3 Monate kräftig mit reinem Wasser ausspülen (natürlich nicht in der Ruhezeit!). Aufgebundene Orchideen, Körbe, Rinden- und Farnstücke werden immer mit der Hälfte der empfohlenen Konzentration gedüngt, da bei ihnen kein Substrat vorhanden ist, das als Puffer zwischen Nährsalzen und Wurzeln wirkt. Dünger, die als so genannte Blattdünger gesprüht werden, gibt man am besten über die Unterseite der Blätter, da sich dort mehr Blattspalten befinden und eine bessere Aufnahme erfolgt.

Umtopfen und Teilen

Grundsätzlich werden Orchideen nur aus zwei Gründen umgesetzt: Entweder das Gefäß wird zu klein – bzw. die Pflanze zu groß –, oder aber der Pflanzstoff, die Orchideenerde, ist verbraucht. (Abweichung von dieser Regel sind manchmal nach schwerwiegenden Kulturfehlern möglich.)

Orchideen selbst vermehren

Bei dieser Gelegenheit lassen sich sympodiale Pflanzen auch teilen, monopodiale durch Stecklinge vermehren oder eventuell Kindel abnehmen. Hat eine Pflanze mehr als 6 Bulben und vielleicht sogar 2 Neutriebe (zwei Wuchsrichtungen), kann man sie teilen. Bei der Teilung erhält man nicht nur eine neue Pflanze, sondern sorgt gleichzeitig für eine Verjüngung. (Bei manchen zu »mastig« gewordenen Pflanzen kann das die Blühfreudigkeit fördern.) Man teilt das Rhizom an der Verbindung zwischen den Bulben mit einem scharfen Messer oder einer Gartenschere. Dabei muss man sehr vorsichtig zu Werke gehen – nicht reißen, sondern die Teilpflanzen vorsichtig auseinander ziehen. Meist lassen sich teilungsfähige Pflanzen leicht trennen. Jedes Teilstück muss mindestens 3 Bulben besitzen. Wenn man unbedingt möglichst viele Pflanzen aus einer »Mutter« gewinnen will, kann man auch jede einzelne Bulbe zur Vermehrung verwenden.

Bei der **Vermehrung mit Rückbulben** werden beim Umtopfen abgeschnittene blattlose oder eben zur Vermehrung vorgesehene noch grüne (lebende) Rückbulben eingepflanzt. Bei wenigen Arten sind bis 3 Bulben nötig, meist genügt jedoch 1 Bulbe. Als Substrat verwendet man Sphagnum, Torf oder ein Holzspäne-Styro-

► Beim Teilen, hier einer *Cattleya*, nicht reißen, brechen oder sonstwie gewaltsam vorgehen. Ein glatter Schnitt oder vorsichtiges Auseinanderziehen führt zum gewünschten Erfolg. Mindestens 3 Bulben verbleiben an der neuen Pflanze. Kleinere Teilstücke oder so genannte Rückbulben werden extra behandelt. Schnittstelle oder offene Wunden zur vorbeugenden Pilzbekämpfung mit Holzkohlepuder behandeln.

◄ Rückbulben lassen sich zur Vermehrund heranziehen, hier bei *Cattleya*. Einfach in Sphagnum-Moos in einem Folienbeutel einsetzen. Hell und warm (18–25 °C) aufbewahren. Auf Fäulnis kontrollieren, sonst in Ruhe lassen und abwarten, bis der Neutrieb kommt.

por-Gemisch. Diese Methode ist nicht immer erfolgreich, aber ca. 70 % der Bulben entwickeln einen Neutrieb, der dann nach Wurzelbildung wie gewohnt getopft wird.

Noch raffinierter ist die **Vermehrung aus Nodien** einiger länglichen Bulben, meist bei *Dendrobium*. Blattlose, noch grüne Bulben mit mindestens 3 Knoten (Nodien) werden dazu flach in eine Schale mit Torf- oder Sphagnum-Styropor-Gemisch gelegt und relativ warm gehalten (längere Bulben können sogar aufgeteilt werden, Schnittstellen mit Holzkohlepuder behandeln). Um die Luftfeuchtigkeit zu erhöhen, deckt man die Schale mit einer Haube oder Folie ab; es muss aber regelmäßig gelüftet werden. Nach einigen Wochen bilden sich neue Triebe, die gleichfalls nach Wurzelbildung eingetopft werden.

Monopodial wachsende Orchideen wie z. B. *Vanda* kann man durch so genannte **Kopfstecklinge** vermehren. Dazu wird die Wurzelbildung im oberen Drittel der Pflanze gefördert. Weitere Tipps finden Sie jeweils bei der Beschreibung der Gattung.

Kindel

Entwickeln sich an einer Orchidee plötzlich Blätter an einer Stelle, wo man eigentlich Blüten erwartet (also an den Bulben, bei *Phalaenopsis* am Blütenstängel), gibt es noch eine weitere Methode, Orchideen vegetativ zu vermehren; es handelt sich dabei nämlich um Ableger, Kindel oder Keiki genannt. (Nicht selten führen übrigens Kulturfehler zur Kindelbildung.) Kindel brauchen mindestens 2 Blätter und mehrere Zentimeter lange Wurzeln, um überleben zu können. Das kann dauern, nicht selten mehr als anderthalb Jahre. Je größer der Ableger ist, desto größer sind auch seine Überlebenschancen. Bis es so weit ist, sollte man das Kindel gelegentlich mit Dünger ansprühen, um es zu kräftigen. Ist ein eigenständiges Pflänzchen entstanden oder wird der Stängel, an dem das Kindel hängt, trocken, trennt man den Ableger ab. Näheres finden Sie bei den einzelnen Gattungen.

◄ Ein Kindel bei *Phalaenopsis*; deutlich sichtbar: die neuen Wurzeln. Es ist jetzt groß genug, als eigenständige Pflanze gepflegt zu werden. Also beim nächsten neuen Blatt (Herzblatt) abtrennen und eintopfen.

Was ist beim Umtopfen wichtig?
Der richtige Zeitpunkt: Umgesetzt werden ausschließlich »wachsende« Pflanzen, was man am neuen Trieb, an neuen Wurzeln oder am Herzblatt erkennt. Nicht die Jahreszeit, sondern die Pflanze bestimmt den richtigen Zeitpunkt.
Vor dem Umtopfen: Halten Sie Pflanzstoff und Gefäße bereit und legen Sie Material zum Aufbinden, eine saubere, scharfe Schere und Dränagematerial zurecht. Wässern Sie die Orchideen einen Tag vor dem Umsetzen ausreichend, gesunde Pflanzen können Sie auch noch düngen. Feuchten Sie den neuen Pflanzstoff an. Bei sehr trockenen Substraten hilft es, dem Wasser einen Spritzer Geschirrspülmittel zuzusetzen (das »entspannt« das Wasser).
Nach dem Umtopfen: Nach einmaligem ausreichendem Angießen wird die Orchidee ca. 14 Tage nur besprüht. Bei Pflanzen mit schlechten oder ohne Wurzeln gibt man für 8 Wochen eine transparente Folientüte über die Pflanze; das reduziert unnötigen Transpirationsverlust.

Substrate, die »Wohnung« der Orchideen

Substrat, Erde oder Pflanzstoff sind unterschiedliche Begriffe für die »Orchideenerde«. Schon daran erkennt man, dass es sich nicht einfach um Blumenerde handelt, wie sie für Topfpflanzen üblich ist. Tatsächlich verlangt die epiphytische Lebensweise ein extrem durchlässiges Material, das ausreichend Luft an die Wurzeln (Luftwurzeln) gelangen lässt. Hauptbestandteile sind grober Torf, Rinde, Kokosfasern, Kokos-Chips, Styropor oder Mineralwolle, manchmal auch Perlite oder Blähton. Alle haben die Eigenschaft, Wasser und Luft zu speichern. Rinde ist besonders nährstoffreich; sie enthält mehr Nährsalze als Kokos oder Torf. Gleichzeitig besitzen Rinde und Torf eine gute Pufferwirkung, das heißt, sie können Versalzungen abpuffern und entgegenwirken.

► Hochwertiges Orchideensubstrat erkennt man an den »strukturstabilen« Bestandteilen wie Rinde, Torf oder Kokoschips bzw. -fasern.

Beispiele zum Selbermischen der Orchideenerde

Typ A (Mischung für Epiphyten)
3 Teile Torf
2 Teile Rinde
2 Teile Styroporflocken oder Wolle
1 Teil Kokosfasern

Düngerzusatz pro 1 Liter:
4 g kohlensaurer Kalk
2 g Hornspäne
0,5 g Volldünger
0,5 g Spurennährstoffdünger

<u>Anmerkung:</u> Universalpflanzstoff, strukturstabil für 2 Jahre.

Typ B (Mischung für terrestrische Orchideen 1)
1 Teil Torf (grob)
1 Teil Torf (fein, faserig)
1 Teil Blähton, SERAMIS® oder Lehm
1 Teil Rinde
1 Teil Styroporwolle oder -streifen

Düngerzusatz pro 1 Liter:
3 g kohlensaurer Kalk
0,5 g Volldünger
0,5 g Spurennährstoffdünger

<u>Anmerkung:</u> Je nach Pflanzenart, z. B. für *Paphiopedilum*, können feinere Bestandteile gewählt werden.

Typ C (Mischung für terrestrische Orchideen 2)
3 Teile Torf
2 Teile Styroporflocken
2 Teile Lehm, SERAMIS® oder Blähton

Düngerzusatz pro 1 Liter: wie für Mischung 1

<u>Anmerkung:</u> geeignet für *Cymbidium, Zygopetalum.*

◄◄ Durchsichtige Töpfe erleichtern nicht nur die Pflege, sondern ermöglichen den Wurzeln, »aktiv« an der Assimilation teilzunehmen.

◄ Solche Holzkörbchen bietet der Orchideenzubehör-Handel. Man kann sie aber auch leicht selbst bauen. Nur unbehandeltes Holz verwenden!

Pflanzgefäße für Orchideen

Kunststoff- oder Tontopf? Kulturgefäße bestehen heute überwiegend aus Kunststoffen. Seltener sind Tontöpfe, obwohl immer wieder Kulturerfolge auf diese scheinbar porösen Gefäße zurückgeführt werden. Vorteile von Kunststoff- gegenüber Tontöpfen sind das geringere Gewicht und dass sie weder Wasser (Verdunstungskälte) noch Nährstoffe (Salze, die bei Trockenheit zu Schäden führen können) speichern. Dazu verschmutzen sie kaum. Andererseits kann das höhere Gewicht des Tontopfes zur Standfestigkeit beitragen (besonders bei *Dendrobium*). Andererseits veralgt ein Tontopf sehr leicht, und Substratreste bleiben stärker haften. Neben den üblichen meist eher flachen Töpfen aus Kunststoff verwenden viele Orchideengärtner zunehmend durchsichtige Gefäße, damit auch Licht an die Luftwurzeln kommt (und als zusätzliches Plus erkennt man, ob der Pflanzstoff noch feucht ist). Dann können, wie bei *Phalaenopsis* üblich, sogar die Wurzeln zur Assimilation beitragen. Viele Orchideenfreunde fertigen sich ihre eigenen **Körbe** – neben Holz- und Gittertöpfen auch solche aus Kunststoffleisten.

Und schließlich kennt man natürlich noch die **Kultur am Epiphytenstamm**, auch Blockkultur genannt. Hierzu werden die Orchideen an Holzstücken (Eiche, Buche oder Nadelholz mit fester Rinde), an Korkeiche oder an Rebholz aufgebunden, die zuvor mit einem Moospolster oder Kokosfasern ummantelt wurden – nicht mit Torffasern, da diese extrem sauer sind. Eine solche Kultur ist allerdings nur bei relativ hoher Luftfeuchtigkeit möglich. Nützlich zum Aufbinden sind zerschnittene Nylondamenstrümpfe. Dieses Material ist weich und elastisch, und es besteht somit keine Gefahr, dass man die Orchidee oder Wurzeln verletzt.

Im Grunde lassen sich Orchideen im Zimmer besser im Topf kultivieren als aufgebunden. Aufbinden sollte man nur Arten, die im Topf Probleme machen, solche mit besonders vielen Luftwurzeln (einige monopodiale Orchideen) oder Miniorchideen mit sehr dünnen Wurzeln. Die Kultur ist natürlich pflegeintensiver, da öfter gesprüht werden muss. Gut geeignet zum Aufbinden sind sukkulente Orchideen wie *Brassavola*, einige *Oncidium* und sukkulente Dendrobien, die von Natur aus an sonnige, lufttrockene Bedingungen mit längeren Trockenphasen gewöhnt sind.

TIPP **Bei Kulturgefäßen auf optimalen Wasserabzug achten. Egal ob Kunststoff, Ton oder Keramik. Bei Kunststofftöpfen kann man zusätzliche Abzugslöcher im Gefäßboden und im unteren Drittel der Topfwände bohren (nicht unter 8 mm Ø).**

▼ Beim Aufbinden nicht zu fest binden (mit Nylonstrumpf – sonst Verletzungsgefahr!), lieber noch einmal nachbinden, bis die Wurzeln selbst Halt bieten. Faseriges Material, Moos oder Kokos verwenden.

▲ Bei Verwendung von Übertöpfen sollten diese möglichst groß gewählt werden, damit Wasser aus dem Übertopf verdunsten kann. Auch hier Blähton oder SERAMIS® als Verdunstungshilfe am Topfgrund.

► Fensterschalen mit einem Gitterboden sind besonders praktisch bei der Orchideenpflege.

Grundsätzliches zum Standort

Orchideen mögen Frischluft; Zugluft jedoch ist gefährlich (übrigens für alle Zimmerpflanzen) und daher unbedingt zu vermeiden. Auch Kälte (Frost), die direkt von draußen an die Pflanzen gerät, ist auf jeden Fall auszuschließen. Altes Obst (Ethylenproduzent), Klebstoffe, Farben und Rauch von offenem Feuer, aber auch Zigarren und Zigaretten können wie bei allen Blütenpflanzen zu Knospenfall oder zum Welken führen. Da sich Orchideen an ihren Standort gewöhnen, sollte man sie nach dem Fensterputzen oder Umtopfen wieder so stellen, wie sie ursprünglich standen. Überhaupt gilt es häufige Standortwechsel zu vermeiden.
Besprühen Sie Orchideen nie in der prallen Sonne. Die resultierende Verdunstungskälte auf den Blättern mögen sie überhaupt nicht. An helle Standorte können Orchideen sich zwar gewöhnen, jedoch muss man ihnen dazu genügend Zeit geben. Alle Zimmerorchideen benötigen relativ hohe Luftfeuchtigkeit. Dies ist gerade im Zimmer bei trockener Heizungsluft ein Problem. Allerdings muss die Luftfeuchtigkeit auch nicht in der gesamten Wohnung ansteigen, sondern nur in der unmittelbaren Umgebung der Pflanze. Dabei helfen die bereits erwähnten Zimmerschalen – einfache flache Schalen, die man im Orchideenhandel erwerben kann (andernfalls tun es auch Balkonkasten-Untersetzer). Sie werden mit Blähton oder SERAMIS® aufgefüllt und dann mit Wasser befüllt. Auf diese Schicht stellt man die Orchideen, die allerdings nie direkt mit dem Wasser in Berührung kommen dürfen. Im unmittelbaren Bereich der Pflanzen kann eine solche Maßnahme die Luftfeuchtigkeit um ca. 30 % anheben. Ein Heizkörper unter dem Fensterbrett andererseits wirkt als regelrechter Verdunstungsmotor.

Einkauf

Was beim Kauf zu beachten ist, finden Sie bei den einzelnen Gattungen erwähnt. Wichtig ist aber auch der Transport. So sollte man Orchideen im Frühjahr, Herbst und Winter nur gut eingepackt transportieren; im Sommer müssen sie vor direkter Sonne geschützt werden. Niemals darf die Pflanze bei Hitze oder Kälte längere Zeit im Auto stehen. Außerdem darf sie nicht anstoßen oder verrutschen, da es sonst leicht zu Schäden an Blättern, Wurzeln oder Blüten kommt. Jede Umstellung bedeutet Stress für die Orchidee. Lieber zu trocken als zu nass und in keinem Fall »vorbeugend« gießen.

Wie heißt eigentlich meine Orchidee?

Eine scheinbar einfache Frage – zumindest sollte jeder Verkäufer einer Orchidee die Antwort darauf wissen. Dass dem so ist, hängt leider freilich oft nur damit zusammen, dass es ein Schild an der Pflanze gibt. Dort steht dann z. B. Cambria-Orchidee oder Frauenschuh oder *Phalaenopsis*. Zusätzlich findet man darauf im Regelfall Pflegehinweise, meist sogar mehrsprachig, dabei aber mehr als vage: »nicht zu viel Licht, aber auch nicht zu wenig; nicht zu viel Wasser, aber auch nicht zu wenig ...«

Nun hat jede Pflanze natürlich einen wissenschaftlichen Namen, zum anderen aber auch einen »gebräuchlichen«. So sagen Profis gewöhnlich nicht »Frauenschuh« oder, wie es korrekt wäre, *Paphiopedilum*, sondern sie sprechen von ihren »Paphis«. Der Volksmund hat wiederum andere Namen. So heißt die bekannte *Phalaenopsis* auf Deutsch »Falter-« oder »Schmetterlingsorchidee« oder gar »Malaienblume«. Wegen regionaler Unterschiede kommt es dabei leicht zu Verwechslungen, und Pflegetipps werden der falschen Pflanze zugeordnet. Deshalb sollte man sich immer an den lateinischen Namen halten, der sich aus dem Namen der Gattung und dem Namen der Art zusammensetzt.

Dafür ein Beispiel: Der früher zu Millionen importierte Frauenschuh *Paphiopedilum callosum* aus Thailand und Vietnam hat den Gattungsnamen *Paphiopedilum* und den Artnamen *callosum*. Es gibt aus dieser Art viele Varietäten (besonders schöne, farblich abweichende Pflanzen), die dann eine Zusatzbezeichnung als Varietät (var.) erhalten. *Paphiopedilum callosum* var. *sanderae* etwa ist eine rein grünweiße Form. Gleichzeitig gibt es Züchtungen mit der Art. Ein Beispiel dafür wäre die Kreuzung *Paphiopedilum callosum* × *Paphiopedilum delenatii*. Wird unter den Züchtungen eine besonders schöne Sorte ausgelesen, erhält diese einen eigenen Namen, etwa *Paphiopedilum* Madame Martinet. Manch ein Name (z. B. Cambria) ist zur Verkaufsbezeichnung für eine Pflanze oder eine ganze Gruppe geworden, z. B. die Mehrgattungshybriden mit *Odontoglossum* (siehe Seite 54 ff.).

Kennt man nur einen Namen und möchte mehr über die Pflanze wissen, bleibt nur der Gang in eine Fachgärtnerei oder die Anfrage bei einer Orchideengesellschaft. Natürlich kann auch das Internet nützliche Dienste erweisen.

Nun gibt es nicht nur sehr, sehr viele Orchideen in der Natur, sondern auch unendlich viele Züchtungen. Deshalb können hier nur einige Beispiele genannt sein – sozusagen als Hilfe oder Anleitung zum Recherchieren.

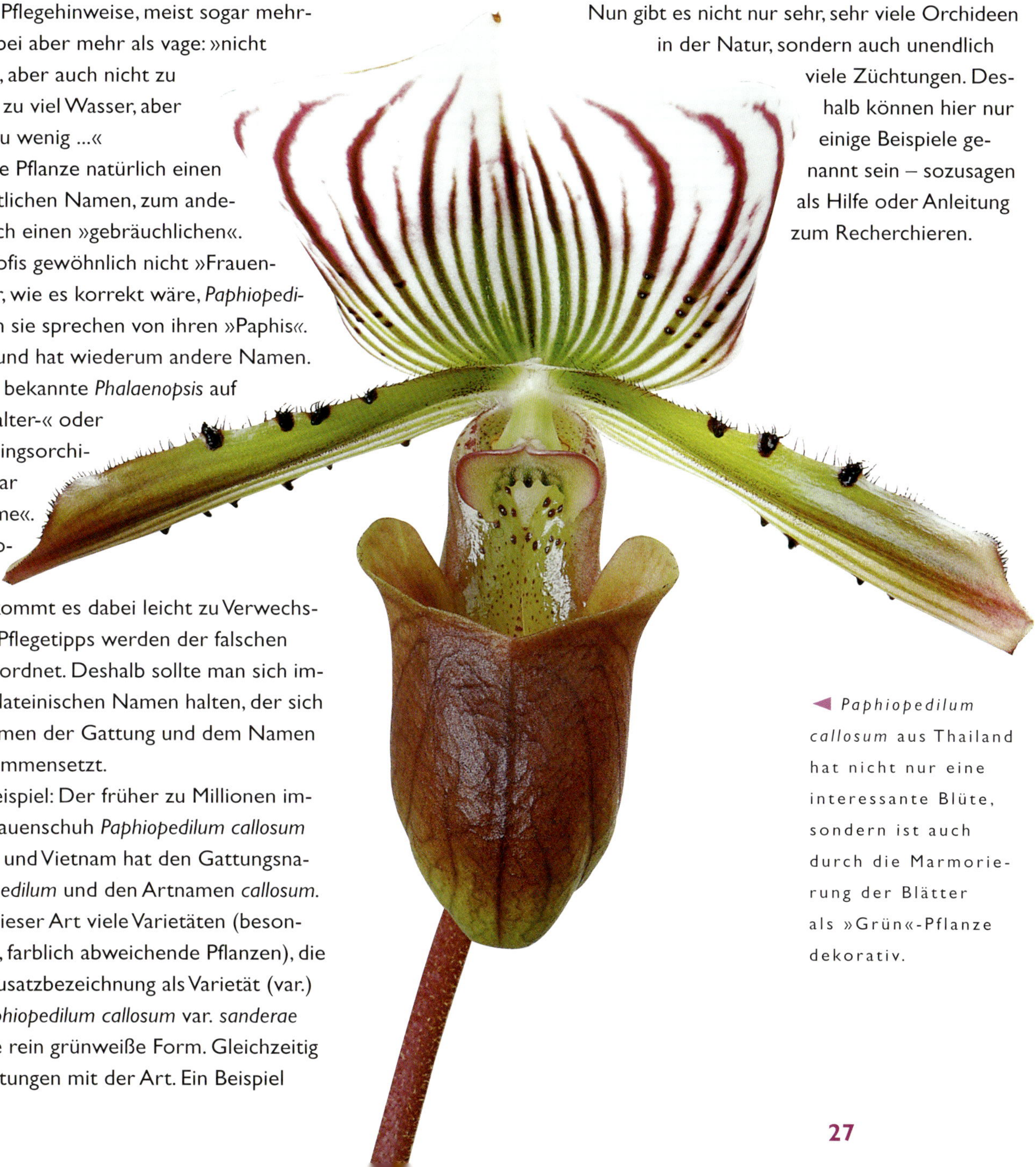

◄ *Paphiopedilum callosum* aus Thailand hat nicht nur eine interessante Blüte, sondern ist auch durch die Marmorierung der Blätter als »Grün«-Pflanze dekorativ.

Populärer bzw. üblicher Name	Naturform oder Züchtung (Abkürzung)	Anmerkung
Ada	Gattung	Gattung aus Südamerika
Angraecum	Gattung	Gattung im tropischen Afrika und auf Madagaskar
Antilopen-Orchidee	Arten und Züchtungen	Gruppe von *Dendrobium*-Arten mit gedrehten Petalen
Ascocentrum	Gattung	Züchtungen
× *Ascocenda*	Züchtung (Ascda.)	Kreuzung von *Ascocentrum* und *Vanda*
× *Beallara*	Züchtung (Bllra)	*Brassia* × *Cochlioda* × *Miltonia* × *Odontoglossum*
Brassavola	Gattung	ca. 15 Arten in Mittel- und Südamerika, mit weißen Blüten mit Duft
Brassia	Gattung	Spinnenorchidee, Gattung mit Arten in Südamerika
× *Brassocattleya*	Züchtung (Bc.)	*Brassavola* × *Cattleya*
× *Brassolaeliocattleya*	Züchtung (Blc.)	*Brassavola* × *Laelia* × *Cattleya*
Broughtonia	Gattung	Arten in Mittelamerika, meist klein
× *Burrageara*	Züchtung (Burr.)	*Cochlioda* × *Miltonia* × *Odontoglossum* × *Oncidium*
Calanthe	Gattung und Züchtungen	Schönorchis-Gattung mit großem Verbreitungsgebiet: Asien, Australien, Madagaskar und Mittelamerika
Cambria	Züchtung	es gibt nur eine Hybride mit dem Namen Cambria, genau heißt sie × *Vuylstekeara* Cambria 'Plush' und ist eine Kreuzung aus dem Jahr 1931. Leider wird der Name heute als allgemeine Verkaufsbezeichnung für eine ganze Gruppe von Züchtungen genommen. Alle sind so genannte Multihybriden
Caractea®	Züchtung	eigentlich eine Orchidee der Gattung *Spathoglottis*. Bei der Bezeichnung *Spathoglottis*. Bei 'Caractea'® handelt es sich um einen geschützten Handelsnamen
Cattleya	Gattung und Kreuzungen (C.)	Sammelbezeichnung auch für Mehrgattungszüchtungen
× *Cattleytonia*	Kreuzung (Ctna.)	*Cattleya* × *Broughtonia*, meist klein bleibende, sehr schöne Kreuzungen
Cochlioda	Gattung	wichtig für die rote Farbe in Kreuzungen der Mehrgattungszüchtungen
Coelogyne	Gattung	bekannt durch eine Art, *C. cristata*, ca. 200 Arten
× *Colmanara*	Züchtung (Col.)	*Miltonia* × *Odontoglossum* × *Oncidium*
Cymbidium	Gattung und Züchtung (Cym.)	Schnitt- und Topforchideen Kahnlippe, Kahnorchidee
Dendrobium	Gattung und Züchtungen (Den.)	»auf dem Baum lebend« – artenreiche Gattung, mehr als 1500 Arten in Asien, Australien und Neuseeland
× *Doritaenopsis*	Züchtung (Dtps.)	*Doritis* × *Phalaenopsis*
Doritis	Gattung	nur ca. 3 Arten in Indien, Thailand, Indochina und Sumatra
× *Epicattleya*	Züchtung (Eplc.)	*Epidendrum* × *Cattleya*
Epidendrum	Arten und Züchtungen (Epi.)	Baumsitzer, darunter *Epidendrum* 'Ballerina'®, ein geschützter Handelsname; eigentlich Varietäten und Züchtungen von *Epidendrum radicans*
Falterorchidee	Gattung und Züchtungen	*Phalaenopsis*, die wohl bekannteste Zimmerorchidee überhaupt
Frauenschuh oder Venusschuh	Arten und Züchtungen	Sammelbezeichnung für *Paphiopedilum* (aus Asien), aber auch *Phragmipedium* (aus Mittel- und Südamerika) oder *Cypripedium* (aus Europa, Asien und Nord- und Südamerika)
Japan-Orchidee	Gattung	*Bletilla*, häufig als Gartenorchidee angeboten
Jochkronblatt	Gattung	*Zygopetalum*
Kahnorchidee, Kahnlippe	Gattung	*Cymbidium*
Laelia	Gattung und Züchtungen (L.)	ca. 60 Arten in Mittel- und Südamerika, eng verwandt mit *Cattleya*, daher viele Züchtungen
× *Laeliocattleya*	Züchtungen (Lc.)	*Laelia* × *Cattleya*
Masdevallia	Gattung	wenige Züchtungen, ca. 400 Arten
Malaienblume	Gattung	*Phalaenopsis*
× *Miltassia*	Züchtung (Mtssa.)	*Brassia* x *Miltonia*

Miltonia	Gattung und Züchtungen (Milt.)	landläufiger Name für alle Züchtungen der Gruppe, aber auch eigenständige Gattung
× *Miltonidium*	Züchtung (Mtdm.)	*Miltonia* x *Oncidium*
Miltoniopsis	Gattung	eigenständige Gattung, früher vielfach als *Miltonia*
Münchner-Kindl-Orchidee	Art	*Rossioglossum grande*
Nachtfalterorchidee	Gattung	*Phalaenopsis*
× *Odontioda*	Züchtung (Oda.)	*Cochlioda* × *Odontoglossum*, wichtige Kreuzung
× *Odontobrassia*	Züchtung (Obrs.)	*Brassia* × *Odontoglossum*
× *Odontocidium*	Züchtung (Odcdm.)	*Odontoglossum* × *Oncidium*
Odontoglossum	Gattung (Odm.)	knapp 200 Arten in Mittel- und Südamerika
× *Odontonia*	Züchtung (Odtna.)	*Miltonia* × *Odontoglossum*
Oncidium	Gattung und zahlreiche Züchtungen (Onc.)	mehr als 500 Arten in Mittel- und Südamerika
× *Otaara*	Züchtung	*Brassavola* × *Cattleya* × *Laelia*
Paphiopedilum	Gattung (Paph.)	ca. 70 Arten im tropischen Südostasien
Phaius	Gattung und Züchtungen	auch als *Phajus* bekannt, ca. 30 Arten in Asien, Afrika und Australien
Phalaenopsis	Gattung und Züchtungen (Phal.)	bekannteste Zimmerorchidee
Phragmipedium	Gattung, wenige Züchtungen	Frauenschuhe aus Südamerika, die hier aber litho- und epiphytisch wachsen, viele mit auffallend langen Petalen
Pleione	Gattung	als Tibetorchidee im Handel für den Garten angeboten
× *Potinara*	Züchtung	*Brassavola* × *Cattleya* × *Laelia* × *Sophronites*
Rossioglossum	Gattung	früher als *Odontoglossum* im Handel, bekanntester Vertreter *Rossiglossum grande*. Nur 6 Arten
Schmetterlings-Orchidee	Gattung	*Phalaenopsis*
× *Sophrocattleya*	Züchtung (Sc.)	*Cattleya* × *Sophronites*
× *Sophrolaelia*	Züchtung (Sl.)	*Laelia* × *Sophronites*
× *Sophrolaeliacattleya*	Züchtung (Slc.)	*Cattleya* × *Laelia* × *Sophronites*
Sophronites	Gattung	epiphytisch wachsend in Südamerika, hauptsächlich Brasilien. Wichtig als Kreuzungspartner der *Cattleya*-Hybriden. Durch Sophronits kommt die rote Farbe
Spiegeleiorchidee	Art	*Dendrobium thyrsiflorum*
Spinnenorchidee	Gattung	*Brassia*
Stiefmütterchen-Orchidee	Gattung	*Miltoniopsis*
Schwielen-Orchidee	Gattung	*Oncidium*
Tibet-Orchidee/ Tibetkrokus	Gattung	*Pleione*
Tulpen-Orchidee	Gattung	*Anguloa*
Vogelkopf-Orchidee	Art	*Oncidium ornithorhynchum*
Yamamoto-Orchidee	Hybride	*Dendrobium-nobile*-Hybride
Vanda	Gattung und Züchtungen (V.)	ca. 40 Arten, Heimat im tropischen Thailand, im subtropischen Nepal, in Burma, Südchina, Borneo und auf den benachbarten Inseln, aber auch im Himalaja auf über 2500 m. Dazu viele Züchtungen, auch mit anderen Gattungen
Vanilla	Gattung	bekannt fast nur als Gewürz
× *Vuylstekeara*	Züchtung (Vuyl.)	*Cochlioda* × *Miltonia* × *Odontoglossum*
× *Wilsonara*	Züchtung (Wils.)	*Cochlioda* × *Odontoglossum* × *Oncidium*
Zahnzunge	Gattung	*Odontoglossum*
Zygopetalum	Gattung (Z.)	ca. 20 Arten aus Südamerika, alle epiphytisch wachsend

Phalaenopsis

Phalaenopsis – die Falterorchidee

Den Namen *Phalaenopsis* kennt inzwischen jeder. Aufgrund der Herkunft der wichtigsten Kreuzungseltern handelt es hier um eine Orchidee, die mit den Lebensbedingungen in unseren Wohnungen relativ gut zurechtkommt. Zu den *Phalaenopsis* (auch Malaienblume oder Nachtfalterorchidee genannt) gehören ungefähr 70 Arten. Ihre Heimat reicht von Indien über die Philippinen bis Australien. Kennzeichnend für diese Epiphyten sind zahlreiche Luftwurzeln und maximal ca. 30 cm lange Stämmchen mit großen, breiten, meist ledrigen Blättern. Die Blütenstängel entspringen den unteren Blattachseln und erreichen eine Länge von bis zu 100 cm. Sie sind oft verzweigt und meist paarweise mit vielen Blütenknospen besetzt, die sich von unten nach oben öffnen. Die wichtigste Art für die Züchtung war über viele Jahrzehnte *P. amabilis*, eine weiß blühende Art mit relativ großen Blüten. 1886 wurde in England die erste Kreuzung damit durchgeführt.

◄ ***Phalaenopsis* Hilo Lip** (= *P.* Hilo Beauty × *P.* Elaine Mishima). Auffällig bei dieser bekannten Falterorchidee ist die weiße Lippe. Die Pflanze wird als Meristem angeboten.

▲ Die meisten weißen Sorten von *Phalaenopsis* lassen sich auf *P. amabilis* zurückführen. Sie blühen besonders lange. Je nach Sorte kontrastiert die Lippe in Gelb, Weiß oder Rot.

◄ ***Phalaenopsis* Brother John** (*P.* Brother Delight × *P.* Brother Brungor). Mit bis zu 9 cm ist dies eine riesige Blüte. Besonders die rote Lippe fällt auf.

▼ ***Phalaenopsis* Golden Peoker 'Brother',** eine Züchtung aus Taiwan. Die Blüten wirken wie aus Kunststoff und haben eine enorme Haltbarkeit, aber meist nicht mehr als 6–8 Blüten an einer Rispe.

▲ Bei dekorativen Arrangements, hier die Moosabdeckung, lassen sich die Pflanzen manchmal schwieriger gießen, Ohne »Fingerprobe« sind sie schnell vergossen.

◄ Die Vielfalt der Sorten lässt bei *Phalaenopsis* mittlerweile fast keine Farbwünsche mehr offen. Manchmal braucht es etwas Geduld oder die Suche übers Internet.

Vielfalt der Phalaenopsis

◄ Neben der Vielfalt der Farben unterscheiden sich *Phalaenopsis* in der Größe der Blüten, der Rispe, der Textur (Festigkeit) und in der Haltbarkeit. Diese Faktoren sind abhängig von den Vorfahren, einem Potenzial, gebildet aus den 70 Arten. Im Bild: ***Phalaenopsis* Jewelers Art.**

► Die meisten gelben *Phalaenopsis* sind besonders haltbar. ***Phalaenopsis* Golden Leopard** = (*Phalaenopsis* Amboin × *Phalaenopsis philippinense*).

► Wie aus Wachs oder Kunststoff, sehr haltbar, aber ein wenig starr wirken die Blüten der ***Phalaenopsis* Salu Peoker** × **Golden Peoker.** Die Ansprüche an die Pflege sind wie die aller anderen *Phalaenopsis* auch. Große Pflanzen bringen es auf mehrere Rispen.

◀ Etwas kleinere Blüten, dafür aber besonders viele an verzweigten Rispen: ***Phalaenopsis* Carmela's Pixie.** Die Blüten wirken »ursprünglicher.« und erinnern an *Phalaenopsis equestris*, eine Naturform.

▲ Bei dieser ***Phalaenopsis* Golden Circle** hat sich die Rispe nach unten geneigt; das entspricht der epiphytischen Lebensweise und zeigt die natürliche Wuchsart aller *Phalaenopsis*.

◀ Besonders beliebt sind Doppel- oder sogar Dreifach-Kombinationen der *Phalaenopsis*. Es sieht sicher sehr schön aus, ist aber schwieriger in der Pflege, da jede Pflanze individuell behandelt werden will.

Die richtige Pflege

Temperatur

Die optimale Temperatur für *Phalaenopsis* liegt zwischen 18 und 25 °C. Am Tag (Heizungswärme) sollte das Thermometer nicht unter 20 °C fallen, im Sommer (Sonnenwärme) vertragen Falterorchideen natürlich mehr. Die Nachttemperatur kann, vor allem im Winter, zeitweise auf 16 °C zurückgehen, *nie* weniger. Zu niedrige Temperaturen zeigen sich z. B. in zuckerhaltigen klebrigen Ausscheidungen an den Blütenständen. Zur Blütenbildung reicht ein Unterschied der Tag- und Nachttemperatur von ca. 5 °C. Die ohnehin lange Blütezeit kann man übrigens noch verlängern, wenn man die Pflanzen kühler stellt, sobald sich die ersten Blüten öffnen. Unter 18 °C darf die Temperatur jedoch nicht sinken. Die Hauptblütezeit ist das Frühjahr, bei den *Doritis*-Arten der Sommer. *Doritis* gehören zu einer Gattung, die häufig als Kreuzungspartner mit *Phalaenopsis* genutzt wird. Durch die Vielzahl der Kreuzungen stehen heute fast ganzjährig blühende Sorten zur Verfügung.

Licht

Falterorchideen benötigen einen halbschattigen Standort ohne direkte Sonne; besonders West- und Ostfenster sind geeignet. Am Südfenster ist von März bis September eine Zusatzschattierung notwendig. Reine Nordlage ist meist zu dunkel. Wer es dort probieren will, sollte zuvor ein Usambaraveilchen als »Versuchspflanze« einsetzen: Wenn dieses an dem Standort wächst und zur Blüte kommt, reicht das Licht auch für *Phalaenopsis*. (Übrigens kann ein Usambaraveilchen auch zu viel Licht anzeigen. Färben sich nämlich die empfindlichen Blätter rötlich, muss für *Phalaenopsis* sofort beschattet werden.)

Luftfeuchtigkeit

Wie alle tropischen Orchideen braucht die Falterorchidee möglichst hohe Luftfeuchtigkeit. Es genügt darum nicht, nur den Topf zu gießen. Um die Luftfeuchtigkeit im Bereich der Pflanzen zu steigern, stellt man sie am besten auf flache Schalen (als Fenster-, Orchideenschalen oder Balkonkastenuntersetzer im Handel). In die

▼ Nicht bei allen Exemplaren stimmt bei *Phalaenopsis* die Proportion von Pflanze und Rispenlänge so wie hier. Erst bei älteren Exemplaren optimiert sich das Verhältnis.

◀ Nicht immer erkennt man gleich die Knospe, da sie zunächst der Wurzelspitze ähnelt.

Schale wird Blähton, Kiesel oder SERAMIS® gefüllt. Das vergrößert die Oberfläche und damit die Verdunstungsmenge. Die Töpfe selbst dürfen jedoch nie direkt mit dem Wasser in Berührung kommen. Für einzelne Pflanzen kann man übergroße Übertöpfe verwenden und die *Phalaenopsis* darin auf Blähton oder SERAMIS® stellen. Im Fachhandel erhältliche Wasserverdampfer oder Zimmerspringbrunnen sind ebenfalls gut geeignet, die Luftfeuchtigkeit zu verbessern. Wie alle Orchideen wachsen auch die Falterorchideen in der Natur nicht »allein«, sondern immer in (Pflanzen-)Gemeinschaften. Das sollte man auch im Zimmer so handhaben. Besonders Pflanzen mit großen, weichen Blättern, die viel Feuchtigkeit verdunsten, sowie Bromelien, die regelrechte Wassertrichter enthalten, sind ideale Nachbarn.

Wie soll man gießen?

Phalaenopsis dürfen nie ganz austrocknen (was nicht für viele Orchideen gilt), vertragen aber auch keine Staunässe. Weil die Blätter nachts niemals feucht sein sollten, immer schon morgens gießen. Generell wartet man mit dem Gießen, bis das Wasser die Raumtemperatur angenommen hat. Kaltes Wasser auf den Blättern kann sogar zu Knospenfall führen. Machen Sie vor dem Gießen entweder die auf Seite 18 beschriebene Fingerprobe oder entwickeln Sie nach Erfahrung – und Umgebung – einen bestimmten Gießrhythmus. Da jeder Standort verschieden ist, gibt es kein einheitliches Rezept, weder für die Häufigkeit noch für die Menge der Wassergabe. Allgemein gilt jedoch: Wenn man *Phalaenopsis* gießt, sollte man es gründlich tun. Ob gegossen oder getaucht wird, ist dabei unerheblich. Überschüssiges Gießwasser immer ablaufen lassen.

◀ Links ein normales, gesundes Blatt, fest im Gewebe, glänzend. Rechts daneben ein geschädigtes Blatt, matt und schrumpelig. Die häufigste Ursache: zu viel Wasser.

Mit dem nächsten Gießen wartet man, bis das Substrat im Topf abgetrocknet ist. Das dauert in der Regel 7 bis 10 Tage. Zur Erhöhung der Luftfeuchte kann man Falterorchideen besprühen (an sonnigen, warmen Tagen auch mehrmals, dann aber mit wenig Wasser).

◀ Beim Düngen unbedingt die Anweisungen des Herstellers beachten. Niemals mehr, eher weniger anwenden. Und niemals kranke Pflanzen düngen.

▲ **So wird umgetopft:** Pflanze vorsichtig aus dem Topf nehmen, Pflanzstoff entfernen. Alle faulen Wurzeln herausschneiden. *Phalaenopsis* in das Gefäß einpassen, dabei den neuen Topf nicht zu groß wählen. Drainage einfüllen, Pflanzstoff dazugeben, nicht zu fest andrücken, angießen – fertig!

► Das Herzblatt einer *Phalaenopsis* erscheint – Signal des Wachstums, Zeit zum Umtopfen.

Benutzen Sie dazu einen sehr feinen Zerstäuber und handwarmes Wasser. Auf keinen Fall, und abends schon gleich gar nicht, darf Wasser in das Herzblatt (Neutrieb) gelangen – Fäulnisgefahr!

Lüften

Falterorchideen brauchen ausreichende Frischluft, die verhindert, dass sich tierliche und pflanzliche Schädiger (Bakterien, Pilze) wohl fühlen und ausbreiten. So ist weiche, wässerige bakterielle Fäule oft das Ergebnis unzulänglicher Belüftung. Allerdings darf kalte Luft niemals direkt auf die Pflanzen treffen, weil dies zu Knospenfall führt. Und das gilt keineswegs nur bei Frost – schon ein Temperaturunterschied von 10 °C kann Knospenfall und Blattschäden verursachen. Auch Zugluft ist schädlich, besonders, wenn die zugeführte Luft kälter als 14 °C ist.

Düngen

Insbesondere bei Hybriden darf man die Düngung nicht vernachlässigen; mindestens bei jeder 3. Gießgabe sollte ein handelsüblicher Orchideendünger verwendet werden.

Umtopfen & Substrat

Ist der Pflanzstoff verbraucht – gut erkennbar an einer schmierigen, vermoosten oder verdichteten Oberfläche – oder hat die Falterorchidee einfach keinen Platz mehr im Gefäß, wird es Zeit umzutopfen. Allerdings muss man auch dann immer noch so lange warten, bis sich ein neues Herzblatt zeigt.
Wie alle Orchideen benötigen *Phalaenopsis* ein spezielles Substrat; es darf keinesfalls in normale

Blumenerde gepflanzt werden. Zum Umtopfen kann man fertige Orchideenerde erwerben, sollte dabei aber auf Qualität achten. Flache Beutel, die sich dazu noch weich anfühlen, also wahrscheinlich nur Torf und feine Rinde enthalten, sind eigentlich keine Erde für *Phalaenopsis*. Man kann solche Erde aber leicht verbessern oder gleich selbst das passende Substrat herstellen (Substrat Typ A zum Selbermischen, siehe Seite 24). Neben Rinden- und Holzkohlestücke ist vor allem Styropor nötig, um das Substrat »gießfest« zu machen. Gut geeignet sind auch Kokosfasern und -Chips. Aus optischen Gründen empfiehlt es sich, beim Einpflanzen als oberste Schicht Kokos-Chips oder Rindenstückchen zu wählen.

Phalaenopsis gedeihen sehr gut in flachen Gefäßen. Der neue Topf sollte für gesunde Pflanzen nicht mehr als drei Topfgrößen über der alten Größe liegen.

Entfernen Sie vor dem Einsetzen alle geschädigten, faulen Wurzeln, bei kranken, schlaffen Pflanzen zudem alle Rispen. Auch das trockene wurzellose Stammstück kann man ohne weiteres abschneiden. Leider müssen auch Rispenansätze und Blüten abgeknipst werden. Die Pflanze kann jetzt keine Kraft für deren Entwicklung entbehren.

Als Erstes füllt man bis zu $^{1}/_{3}$ der Topfhöhe Dränagematerial ein. Auch hier ist Styropor geeignet (einfach aus sauberem Verpackungsmaterial herausbrechen). Anschließend die Pflanze in die Mitte setzen und bis zum untersten Blattpaar mit Pflanzstoff auffüllen.

Nach dem Umtopfen stülpt man zunächst eine Folie (oder transparente Einkaufstüte) als Verdunstungsschutz über den Topf. Weitere Hinweise siehe Seite 22.

► Zwei Stützstäbe und eine Folientüte ersetzen in den ersten Wochen nach dem Umtopfen das Gewächshaus.

Expertentipps

I Tipps zum Kauf

Achten Sie neben dem Allgemeinzustand vor allem auf die Wurzeln. Lose Pflanzen, die nur vom Haltestab der Rispe gefestigt werden, sowie solche, die schon schlaffe Blätter zeigen, erwirbt man besser nicht. Gleiches gilt für knospige Pflanzen, d. h., an der Rispe sollten noch keine Einzelknospen erkennbar sein. Der günstigste Zustand für den Kauf blühender Pflanzen ist, wenn ein Drittel der Rispe bereits angeblüht ist. So verträgt die Orchidee nicht nur die Umstellung am leichtesten (Vermeidung von Knospenfall), sondern verspricht auch die längstmögliche Blütezeit. Transportieren Sie *Phalaenopsis* nicht im kalten oder heißen Auto und erwerben Sie auch keine Pflanzen aus »kalten«, d. h. klimatisierten Verkaufsstellen.

I

2a
2b

2 Eine zweite Rispe

Speziell *Phalaenopsis* haben die Eigenschaft, vor dem eigentlichen Verblühen an der Spitze aus den so genannten Terminalknospen immer wieder eine weitere Blüte zu entwickeln. Das sieht nicht unbedingt schön aus. Besser ist es, die Pflanze wieder nachblühen zu lassen, und zwar mit einer vollständigen Rispe. Dazu kürzt man die Rispe nicht völlig ein, sondern schneidet sie ca. 1 cm oberhalb des 2. oder 3. Knotens (Nodium 2b) ab 2a. Keinen quetschenden, sondern einen glatten Schnitt durchführen. Mit etwas Glück treibt an einem der Nodien

2c

eine neue – und vollständige – Rispe aus 2c. Das Ganze dauert ca. 90 Tage, also nicht die Geduld verlieren.

3 Kindel

Besonders bei kleinblütigen Sorten, aber auch, wenn man zu viel gießt oder zu hohe Temperaturen wirken, können sich an einer Rispe so genannte Kindel bilden (meist, ohne dass die Pflanze zur Blüte kommt). Dies sind kleine Ableger, auch Keiki genannt. Zwar bedeutet es den Verzicht auf eine Blüte, aber dafür bekommt man eine, manchmal sogar mehrere neue Pflanzen. Zuerst allerdings braucht man viel Geduld: Mindestens 2 Blätter und mehrere Wurzeln (etwa 5 cm lang) sind notwendig, wenn das Kindel überleben soll. Und das kann schon 1 Jahr oder länger dauern! Je größer das Kindel, desto größer auch seine Überlebenschancen.
Ist nun ein eigenständiges Pflänzchen entstanden und/oder der Stiel, an dem das Kindel hängt, trocken, trennt man den Stiel oberhalb und unterhalb zusammen mit dem Kindel ab (nicht reißen oder vom Stiel abschneiden!). Das Kindel wird mit dem Reststiel in Orchideensubstrat gepflanzt. Dazu nimmt man einen kleinen Topf und feinere Bestandteile aus dem Substrat. Allerdings auch hier niemals die Dränage vergessen.

4 Soll man *Phalaenopsis* mit anderen Zimmerpflanzen zusammen halten?

Unbedingt, so kann man Grünpflanzen als Schatten- und Luftfeuchtigkeitsspender einsetzen.

5 Ist ein Sommeraufenthalt im Freien möglich?

Nein, dies ist für *Phalaenopsis* nicht zu empfehlen, da die Nachttemperatur auch im Sommer häufig zu niedrig ist. (Nicht einmal für die Urlaubszeit von wenigen Wochen sollte man dies tun.)

6 Was muss man im Gewächshaus beachten?

Eigentlich ist die Pflege hier nicht anders, doch sind die Bedingungen wie Licht und Luftfeuchtigkeit meist besser. Wird mit einem Gießgerät und von oben gegossen, ist es günstiger, die *Phalaenopsis* beim Umtopfen leicht schräg einzusetzen, damit das Gießwasser ungehindert ablaufen kann. Gut bewährt haben sich auch Etagentische für die Pflege, um die Übersicht zu wahren. Wird das Gewächshaus nicht gelüftet, sorgt ein Ventilator für Luftumwälzung; dies beugt Pilz- und Schädlingsbefall vor. Mit offener Flamme betriebene Gasheizungen und Katalysatorbrenner sind für *Phalaenopsis* ungeeignet.

3

► Praktische Hilfe zum Aufbinden: solche Kunststoffklammern.

7 Stützen der Blütenrispe

Besonders bei großblütigen Sorten kann es nötig werden, die Rispe zu stützen, damit sie nicht unter ihrem Eigengewicht abknickt. Dazu verwendet man entweder Bast, Kunstbast oder weichen ummantelten Bindedraht und entsprechend lange Tonkingstäbe (gebrochene Bambussplitstäbe). Vorsichtig agieren, denn eigentlich will die Rispe nach unten hängen – so ist es in der Natur üblich und so sieht sie im Prinzip auch am eindrucksvollsten aus. Will man sie daran hindern, muss sie unbedingt an zwei Punkten fixiert werden. Dabei niemals zu fest binden (die Bindestelle immer am Stützstab) und immer Abstand zum Stiel halten.

8 Kann man *Phalaenopsis* aufbinden

Bei ausreichender Luftfeuchtigkeit ist dies die »natürlichste« Methode. Neben speziellen Tonröhren, die für alle Epiphyten geeignet sind, lassen sich Falterorchideen auf Kork, Rinde oder Farnstücke aufbinden. Wichtig ist auch hier der richtige Zeitpunkt, wenn die Pflanze »aktiv« ist. Als weiches Bindematerial empfehlen sich Bast, zerschnittene Nylonstrümpfe oder Kunststoffstreifen. Als Unterlage kann man Sphagnum-Moos, Kokosfasern und Fasertorf verwenden (oder eine Mischung aus allen). Löst sich die Pflanze, muss nachgebunden werden. Wurzeln oder gar die Pflanzen dürfen nicht angeschnitten, aber auch nicht lose hängen gelassen werden. Aufgebundene Pflanzen müssen häufiger gesprüht und »salzarm« ernährt werden.

10

7

9 Meine *Phalaenopsis* blüht einfach nicht!

Bei sonst gesunden Pflanzen wird die Temperatur für 3–4 Wochen auf ca. 16 °C abgesenkt. Mit der Absenkung muss weniger Licht und Wasser verbunden sein. Die Blütezeit beginnt gewöhnlich etwa 3–4 Monate nach dieser Zwangspause.

10 Problem Knospenfall

Zu niedrige Temperaturen, Lichtmangel (im Winter oder bei plötzlichem Wetterwechsel), Zugluft, Stress beim Transport sowie Ethylen (aus Rauch, von Früchten oder Abgasen) können Knospenfall verursachen – häufig gerade dann, wenn die Knospe etwa erbsengroß ist. Meist lässt sich die Ursache nicht genau ermitteln. Selbst Gewächshausbesitzer (und Berufsgärtner!) sind nicht davor gefeit. Tatsächlich ist es kein Grund zur Panik: Schneiden Sie einfach die Rispe auf 3–4 Nodien zurück und warten Sie auf die neue Rispe (jetzt natürlich die möglichen Ursachen vermeiden).

11 Schädlinge und Schadbilder*

Hauptgefahr neben den eigentlich vermeidbaren Pflegefehlern sind vor allem Schild- und Wollläuse (28), (29) (siehe Foto rechts), Spinnmilben (33) sowie, seltener, Thripse (32) und Weichhautmilben (34). Bekommen Falterorchideen kleine braune Stellen, die sich schnell vergrößern, glasig und feucht werden, sollte man die Blätter zur Pflanze hin an dieser Stelle abschneiden und zusätzlich Luftfeuchtigkeit und Gießmenge reduzieren. Faulen Pflanzen in der

◄ Virusschaden an einer *Phalaenopsis*-Blüte.

Triebmitte (Herzblatt), sind sie meist verloren (Bild Seite 136). Verletzungen an Wurzeln und Blättern behandelt man mit Aktivkohle (aus der Apotheke); dadurch wird es Krankheitskeimen erschwert, in die Pflanze einzudringen ⑥–⑧. Immer häufiger treten Trauermücken ⑤ auf. Im Substrat ①–③ auf Luftdurchlässigkeit achten. Gefürchtet sind Viren ㊱ (siehe Foto oben), seltener Schnecken ㉚. Leider ist auch das Abwerfen der etwa erbsengroßen Knospen nicht selten ㉔. Schon beim Transport in der Folientüte stellt sich manchmal Befall mit *Botrytis* ein ㉕, der Schaden wird jedoch erst zu Hause sichtbar. Das Welken einer *Phalaenopsis* kann folgende Ursachen haben: zu viel Wasser, zu wenig Wasser, zu hohe Temperatur, verdichteter Pflanzstoff, Überdüngung, Schädlingsbefall, zu niedrige Temperatur, oder der Tag-Nacht-Temperaturunterschied ist zu groß. Werkzeuge (Scheren, Messer) für die Arbeiten an den Pflanzen müssen zwischendurch sterilisiert werden (Feuer oder bei 240 °C im Backofen), um Krankheitserreger nicht von einer Pflanze auf die nächste zu übertragen.

◄ Schildläuse an einer Blüte; häufiger finden sie sich jedoch an den Blättern.

12 Möglichkeiten in Hydro und SERAMIS®

Phalaenopsis sind gut für beide Kulturformen geeignet, da sie gleichmäßig warm und feucht gehalten werden. Warten Sie mit der Umstellung aber immer auf die Bildung des Herzblattes. Bei Hydrokultur den Wasserstand nie über »Optimum« steigen lassen und nur flüssig, nicht mit Langzeitdüngern düngen.

* Die Ziffern im Kreis beziehen sich auf den Anhang Seite 135 ff.

Miltonia

Miltonia – die Stiefmütterchen-Orchidee

Diese meist als Stiefmütterchen-Orchideen bekannten Pflanzen heißen eigentlich *Miltonia.* Dass sie manchmal *Miltoniopsis* genannt werden, liegt daran, dass die »Ururgroßeltern« der Kreuzungen inzwischen eine eigene kleine Gattung (mit 6 Arten) bilden und die erste Kreuzung 1889 aus dieser neuen (alten) Gattung stammt. 2003 belegten *Miltonia*-Züchtungen den 5. Platz unter allen angebotenen Orchideen – allein aus den Niederlanden kamen 1,2 Millionen Stück. Ob man eine *Miltonia* oder *Miltoniopsis* vor sich hat, ist leicht zu erkennen: *Miltonia* haben immer zweiblättrige Bulben, *Miltoniopsis* einblättrige. Züchtungen, die weiter Miltonia heißen, haben meist auch zweiblättrige Bulben. Alle stammen aus Südamerika. Die drei Arten, die in erster Linie als Vorfahren der modernen Hybriden gelten, stammen aus Kolumbien, Ecuador und Panama und leben dort im heißen und feuchten Flachland *(Miltoniopsis roezlii),* im relativ kühlen, feuchten Nebelwald *(Miltoniopsis vexillaria)* oder im immer feuchten Tropenwald *(Miltoniopsis phalaenopsis).* Das verbindende Wort in allen Fällen ist »feucht«: Feuchtigkeit, die in Form von Regen, Nebel oder Tau das ganze Jahr über verfügbar ist. Weitere Gattungen wie *Brassia* (Spinnenorchidee), die mit ca. 20 Arten im tropischen Amerika zu Hause ist, oder *Oncidium* werden jetzt häufiger mit Miltonien gekreuzt und als Miltassia oder Miltonidium angeboten. Ihre Pflege entspricht eher den Mehrgattungskreuzungen (siehe dort).

▼ **Miltonia** (bzw. *Miltoniopsis*) **Lycaena 'Stamperland'** wurde schon 1925 in England gezüchtet.

► **Miltonia Celle,** die erfolgreichste deutsche Züchtung nach dem 2. Weltkrieg. Sie hat von Celle aus ihren Weg in die ganze Welt gefunden.

◀ ***Miltonia* Alger 'York'.** Eine Züchtung der *Miltonia*, die erkennen lässt, warum der Name »Stiefmütterchen-Orchidee« überall auf der Welt bekannt ist; in den USA und in England heißen sie daher »Pansy Orchids«.

▼ ***Brassia* 'Rex'.** Die Spinnenorchideen ahmen Spinnen nach, um die Spinnenjagdwespe anzulocken. Die Blüten halten sechs Wochen oder länger.

▲ ***Miltonia* Honolulu 'Warnes Best',** eine Züchtung, die noch an *Miltonia spectabilis* (var. *moreliana*) erinnert. Sehr kräftiger Wuchs, eine typische Anfängerpflanze.

◀ **× *Miltassia* Cairns 'New River',** eine Miltonien-Kreuzung mit der Spinnenorchidee. Große, wunderbar farbige und gefleckte Blumen – sie erinnern an die bunten Korallenfische am Barriere-Riff bei der australischen Stadt Cairns.

Die richtige Pflege

▼ Miltonien werden meist im Containertopf angeboten. Nach dem Umtopfen lieber in kleinere Töpfe setzen.

Temperatur, Licht & Luftfeuchtigkeit

Temperaturen über 30 °C behagen den Züchtungen nicht. Besonders im Sommer sind sie eher kühl zu halten, was häufig schwierig ist. 14–16° C wären ideal. Im Winter allerdings kann die Temperatur ruhig bei 18–25° C liegen; man kann sie dann gut mit *Phalaenopsis* zusammen pflegen.

Auch zu viel Licht im Sommer gefällt ihnen nicht. *Miltonia* brauchen sogar noch weniger Licht als Falterorchideen. Im Sommer ist der Aufenthalt im Garten an einem schattigen Ort möglich. Ein leicht rötlicher Schein auf den Blättern zeigt die richtige Lichtmenge an, während rote oder fahl gelbe Blätter indizieren, dass der Standort zu hell ist. Bei zu hoher Lichtintensität biegen sich Kelch- und Blütenblätter (Sepalen und Petalen) nach hinten. Halten Sie Miltonien nach der Knospenbildung also lieber etwas schattiger.

Die Luftfeuchtigkeit sollte immer möglichst hoch sein. Ohne Fensterschalen wird es den Pflanzen schnell zu trocken. Bei niedriger Luftfeuchtigkeit ruhig mehrmals täglich fein sprühen, die Pflanzen dazwischen aber immer wieder abtrocknen lassen.

Wie soll man gießen?

Richtiges Gießen ist bei *Miltonia* nicht einfach. Pflegefehler werden nur selten toleriert. Das Substrat darf nie austrocknen, Staunässe aber führt unweigerlich zur Fäulnis. Deshalb ist unbedingt auf eine gute Dränage zu achten. Im Sommer darf man kräftig, im Winter etwas vorsichtiger gießen. Zu große Wassergaben sind der Hauptfehler in der Pflege dieser Gruppe. Besonders empfindlich reagieren Miltonien auf Gießwasser im Neutrieb. Dieser fängt dann sehr schnell an zu faulen.

Ruhezeit

Nach Abschluss des Neutriebes (man hält die Pflanze nun etwas trockener, sie darf jedoch nie völlig austrocknen!) kann es noch einige Wochen dauern, bis sich die neue Rispe zeigt. Bildet sich diese bereits vor dem Ausreifen der Bulben, was mitunter vorkommt, sollte man diese Orchidee regelmäßig weitergießen.

Es bleibt ja in der Familie...

Da viele Orchideengattungen relativ eng miteinander verwandt sind, besteht die Möglichkeit, nicht nur einzelne Arten, sondern auch unterschiedliche Gattungen miteinander zu kreuzen. So finden sich Miltonien (bzw. *Miltoniopsis*) immer wieder auch in anderen Gattungs-Kreuzungen, u. a. neben solchen mit *Brassia* und *Oncidium* auch mit *Ada* und *Odontoglossum*. Die meisten dieser Kreuzungen sind nicht nur von der Blüte her sehr ansprechend, sondern lassen sich sogar noch einfacher pflegen (siehe Mehrgattungshybriden, Seite 56). Oben im Bild: × *Brassada* Mivada 'ROC', eine *Brassia* × *Ada*.

Lüften

Luftbewegung beugt dem gefährlichsten Schädling vor: der Spinnmilbe. Allerdings darf nie so viel Luft oder Luftbewegung vorhanden sein, dass die Luftfeuchtigkeit unter 30 % sinkt.

Düngen

Die Wurzeln von Miltonien sind sehr salzempfindlich. Während des Wachstums sollte man trotzdem bei jeder 3. Gießgabe einen Orchideendünger verwenden, die Dosierung jedoch noch einmal um die Hälfte der angegebenen Werte reduzieren. Niemals die Wurzeln mit Düngerlösung direkt begießen! Experten decken den Topf darum mit einer Moosschicht (Sphagnum) ab, die die feinen Wurzeln zusätzlich schützt.

Umtopfen & Substrat

Die beste Zeit für das Umtopfen von Miltonien ist mit Beginn des Wachstums, am besten im Herbst (möglichst nicht im Sommer, da die hohen Temperaturen ohnehin Stress für die Pflanze bedeuten). Beim Einsetzen in den neuen Topf ist darauf zu achten, dass die Triebe nicht zu tief ins Substrat kommen. Gießwasser darf nicht zwischen die Triebe laufen können, was bald zu Fäulnis führt. In dieser Zeit werden Miltonien auch trockener gehalten; erst wenn neue Wurzeln wachsen, wird die regelmäßige Bewässerung wieder aufgenommen. *Miltonia* benötigen eher kleine Töpfe – besser jährlich umtopfen und eine ausreichende Dränage einbringen. Der Pflanzstoff sollte relativ fein sein (Substrat Typ A zum Selbermischen, siehe Seite 24; dabei feinere Anteile verwenden bzw. gröbere Bestandteile aus der Orchideenerde herausklauben). Geteilt wird, wenn nötig, wie bei sympodial wachsenden Orchideen üblich – aber immer erst, wenn sich 2 neue Triebe gebildet haben (Triebhöhe = Pflanzhöhe). Mindestens 3 alte Bulben müssen an der neuen Pflanze bleiben. Da diese selten noch eigene gesunde Wurzeln haben, empfiehlt es sich, die neue Pflanze mit einem Stab oder Haken im Gefäß zu verankern.

◄ Hier kommt jede Hilfe zu spät, obwohl sich noch ein Neutrieb zeigt. Man hätte rechtzeitig in einen kleinen Topf zurückpflanzen sollen, um so der Pflanze noch eine Chance zu geben.

Expertentipps

1 Tipps zum Kauf

Zuerst auf den Allgemeinzustand achten, niemals »wackelige« Exemplare erwerben. Meiden Sie auch zu knospige Pflanzen – die längste Blütezeit haben Pflanzen, die zu einem Drittel erblüht sind. Und kaufen Sie auf keinen Fall in Schalen oder Gemeinschaftstöpfe gepflanzte Exemplare.

2 Der »Ziehharmonika-Effekt«

Ob zu viel Wasser, Dünger oder Trockenheit – Stiefmütterchen-Orchideen und ihre Verwandten reagieren schnell mit einer Verformung im Blatt, der so genannten Ziehharmonika-Krankheit. Dabei wird die Entwicklung des Triebes nachhaltig gestört, und es kommt zum zeitweiligen Wachstumsstopp. Jeder neue Wachstumsschub hinterlässt eine neue Falte im Trieb. Selbst wenn Licht, Temperatur und Luftfeuchtigkeit stimmen, kann dieser Schaden vorkommen, der im Übrigen irreparabel ist, wenn die Wurzeln geschädigt sind. Oft handelt es sich um einen Hinweis auf Wurzelfäule infolge von zu viel Wasser oder

1

2

2

altem Pflanzsubstrat. Tritt dieses Problem auf, sollte die Pflanze sofort in einen neuen Topf mit frischem Substrat gesetzt werden.

3 Meine *Miltonia* blüht einfach nicht!
Meistens passiert dies, wenn die Triebe nicht richtig ausreifen: Bevor es zur Knospenbildung kommt, wird schon wieder ein neuer Trieb gebildet (jeder Trieb ist dann kleiner als sein Vorgänger). Abhilfe schafft nur eine strikte Einhaltung der Ruhephase. Pflanzen, die kräftige Triebe entwickeln und trotzdem nicht blühen, sollten einfach kühler gehalten werden.

4 Was muss man im Gewächshaus beachten?
So richtig passen Miltonien nicht in ein Gewächshaus mit vielen verschiedenen Arten, denn ihre Ansprüche weichen recht stark von der üblichen Einteilung »temperiert« oder »kalt« ab. Besser ist ein Sommeraufenthalt im Freien (siehe 5).

5 Ist ein Sommeraufenthalt im Freien möglich?
Ein Aufenthalt im Freien (von Mai bis Ende September) ist sehr empfehlenswert, da sich die optimalen Temperaturen hier am besten einhalten lassen. Der Platz sollte halbschattig sein; direkte Sonne muss vermieden werden.

3

6b

6 Kann man Miltonien aufbinden?

Grundsätzlich ja, aber hier trocknen sie noch schneller ab als im Topf. Gut geeignet sind alle Naturformen, besonders *Miltonia spectabilis* 6a und vergleichbare Arten. Reicht die Luftfeuchtigkeit aus (Gewächshaus, Wintergarten oder Vitrine), haben sich Tonröhren 6b zum Aufbinden bewährt. Sie geben die Feuchtigkeit direkt an die Wurzeln ab.

6a

7 Was kommt nach der Blüte?

Miltonia und Züchtungen mit anderen Gattungen können (müssen aber nicht!) etwa alle 8 Monate einen neuen Trieb und damit eine Blütenrispe entwickeln. So können an ein und derselben Pflanze ein neuer Trieb und eine blühende Rispe vorkommen. Mit etwas »Gießgefühl« muss man beiden Entwicklungen (Ruhe und Wachstum) gerecht werden. Die Rispen brauchen normalerweise nicht gestützt werden, es ist im Handel nur aus Transportgründen üblich. Verblühte Rispen sind rechtzeitig abzuknipsen, da die abfallenden Blüten schnell Fäulnis auf den empfindlichen Blättern verursachen. Den verbliebenen Blütenstiel entfernt man erst, wenn er wirklich trocken ist (entweder abschneiden oder seitlich an der Bulbe vorsichtig abdrehen und ausbrechen). Übrigens: Manchmal wachsen Miltonien auf der Fensterbank besser als im Gewächshaus.

7

8 Problem Knospenfall

Nicht selten erlebt man, dass knospige Miltonien keine Blüten entwickeln, sondern die Knospen abstoßen oder vertrocknen lassen. Leider gibt es hier, anders als bei *Phalaenopsis,*

8

keine zweite Chance auf eine neue Rispe. Die Ursache liegt, neben allgemeinen Pflegefehlern, häufig allein in der Umstellung vom »luftfeuchten« Gewächshaus zur trockenen Zimmerluft.

9 Schädlinge und Schadbilder*

Falsche Pflege ⑥–⑧ äußert sich häufig in dem so genannten Ziehharmonika-Effekt. An den relativ zarten, weichen Blättern kann man viele Fehler erkennen: zu viel oder zu wenig Licht (siehe oben) ebenso wie Versalzungen, die an braunen Blattspitzen und letztlich braunen Blattadern deutlich werden. Auch braune Wurzelspitzen und Veränderungen am Pflanzstoff ① sind ein Warnsignal. Zwar treten auch Schild- und Wollläuse ㉘, ㉙ auf, die schlimmsten Feinde sind jedoch Spinnmilben ㉝, gefolgt von Thripsen ㉜ und Weißer Fliege ㉟. Dazu kommen Pilzkrankheiten und Bakterien ⑥–⑧ sowie die auch hier immer häufiger auftretenden Trauermücken ⑤.

10 Möglichkeiten in Hydro und SERAMIS®

Miltonien und *Brassia*-Hybriden sind durchaus in Hydro oder SERAMIS® zu kultivieren, allerdings sicher keine Anfängerpflanzen. Bei Hydrokultur ausschließlich feines Granulat wählen. Und selbstverständlich nur umstellen, wenn der neue Trieb sichtbar wird. Auch in Hydro und SERAMIS® werden diese Orchideen in kleinen Töpfen gehalten. Nur flüssig, nicht mit Langzeitdüngern düngen. Den Wasserstand bei Hydrokultur eher im Minimum- bis Optimumbereich halten, niemals im Maximum. Bei SERAMIS® den Wasserstandsanzeiger häufiger auf seine Funktion prüfen. In einer Ruhephase nicht gießen, Blähton und SERAMIS® enthalten genügend Restfeuchte. Wird Umtopfen nötig, bei SERAMIS® den Restpflanzstoff wenn möglich entfernen, dabei den Ballen nicht unnötig zerstören.

◄ Hier ist der Neutrieb durch Fäulnis befallen. Die häufigste Ursache ist Wasser im Trieb, aber auch Kälte, manchmal schon im kalten Verkaufsraum. Der Trieb ist nicht zu retten. Entfernen und die Schnittstelle mit Holzkohle bepudern.

◄ Die »schrumpelige« Bulbe deutet auf eine geschädigte Wurzel hin. Auch die Blütenrispe ist in der Blattachsel stecken geblieben und nicht mehr zu retten. Am besten in einen kleineren Topf neu eintopfen.

---

* Die Ziffern im Kreis beziehen sich auf den Anhang Seite 135 ff.

Mehrgattungshybriden

Mehrgattungshybriden

Aufgrund der großen Ähnlichkeit ihrer Blüten hat man im Handel unter der Sammelbezeichnung **Cambria** eine neue Pflanzengruppe in den Markt eingeführt. Dabei handelt es sich in Wirklichkeit nicht nur um verschiedene Sorten, sondern sogar Gattungen. Ein Name, viele Pflanzen – welche Orchidee habe ich nun wirklich?

Heute heißt die ganze Gruppe nach einer dieser Mehrgattungs-Hybriden, der Cambria. Ihre ursprüngliche Heimat ist Südamerika, besonders Brasilien und Kolumbien. Bei »Cambrias« handelt es sich entweder um **Zweigattungshybriden,** die ihren Namen aus Silbenteilen der Eltern herleiten (z. B. *Miltonia* × *Brassia* = *Miltassia, Odontoglossum* × *Oncidium* = *Odontocidium* oder *Odontoglossum* × *Miltonia* = *Odontonia)*, oder um **Mehrgattungshybriden** mit mindestens drei Elterngattungen; diese erhalten einen neuen Namen (z. B.: *Odontoglossum* × *Cochlioda* × *Miltonia* = *Vuylstekeara*). *Vuylstekeara* heißt übrigens die Cambria wirklich. Bei den meisten Zimmerorchideen, die heute angeboten werden, handelt es sich um solche Mehrgattungshybriden. Bekannt sind vor allem Züchtungen wie Wilsonara (= *Odontoglossum* × *Cochlioda* × *Oncidium*), *Colmanara (= Odontoglossum* × *Miltonia* × *Oncidium)* und *Beallara (= Brassia* × *Cochlioda* × *Miltonia* × *Odontoglossum)* sowie Burrageara *(= Cochlioda* × *Miltonia* × *Odontoglossum* × *Oncidium).* Möglicherweise erscheint der Name zunächst nicht wichtig; schließlich soll in erster Linie die Blüte gefallen. Doch wer mehr Information über seine Orchidee erhalten will, muss ihren richtigen Namen kennen. Versuchen Sie also, den richtigen Namen zu erfragen. Die größten Chancen haben Sie in einer Orchideengärtnerei, aber auch das Internet kann eine Hilfe sein.

▼ Das ist die echte × ***Vuylstekeara*** **Cambria 'Plush',** die den Pflanzen dieser Gruppe ihren Namen gab. Übrigens eine englische Züchtung aus dem Jahr 1931.

► × ***Vuylstekeara*** **Fall in Love,** eine neuere Kreuzung der Gattung, entstanden aus *V.* Mem. Mary Kavanaugh × *Odontioda* Helen Stead. Viele Namen, aber es steckt auch viel dahinter!

▼ × ***Beallara* Tahoma Glacier 'Green',** Blütezeit: ganzjährig. Eine riesenblütige Multihybride mit Einzelblüten bis zu 13 cm Durchmesser, dabei sehr gut wachsend. Schon bald hat man große Pflanzen, die man auch teilen kann.

◄ Eine ***Brassia*-Hybride,** bei der noch kaum etwas vom Elternteil der Spinnenorchidee wahrnehmbar ist. Aber einmal *Brassia*, immer *Brassia*! Zu pflegen ist sie wie alle anderen auch.

▼ × ***Burrageara* Nelly Isler;** Blütezeit: ganzjährig, dabei die flache Blütenform wie bei *Miltonia*. Ein fantastischer Wachser, der daher auch zweimal im Jahr blühen kann. Eigentlich braucht man die Blüten nicht wie hier zu stützen.

▼ × ***Odontonia* Susan Bogdanow** (× *Odontonia* Avril Gay × *Miltonia* Franz Wichmann). Wieder eine besonders leicht wachsende Sorte, die mindestens zweimal im Jahr blühen kann.

► × ***Odontocidium* Hansueli Isler** (*Odontoglossum* Burkhard Holm × *Odontoglossum* Tiger Hambühren). Eine Züchtung, bei der die Gattung *Odontoglossum* gleich zweimal in den Eltern vorkommt. Sie mag es ruhig ein wenig kühler.

Für die Pflege ist der richtige Name glücklicherweise nicht so wichtig, da die Gemeinsamkeiten überwiegen. Denn hier ist es gelungen, aus teilweise sehr heiklen Eltern recht pflegeleichte Nachkommen zu züchten, die als echte »Zimmerpflanzen« brillieren. Außerdem ergaben die Kreuzungen eine schier unbeschreibliche Farben- und Formenvielfalt. Der Orchideenfreund kann sich bei der Wahl also in erster Linie vom Geschmack leiten lassen, ohne vorher alle Kulturbedingungen genau zu studieren. Natürlich kann man es neben den Zuchtformen auch mit den einzelnen Arten versuchen; dazu sind jedoch genaue Pflegekenntnisse nötig.

▲ × ***Wilsonara* Tiger Brew.** Die Eltern: *Odontioda* Mem. Rudolph Pabst × *Odontocidium* Tiger Hambühren. Große Blüten, lange Haltbarkeit, sehr gutes Wachstum. Eine solche stark wachsende Pflanze will auch ausreichend mit Nährstoffen versorgt werden.

► ***Odontoglossum* Anna-Claire** (= O. maculatum × O. Geyser Gold). Hier kann man noch den Charme von *Odontoglossum crispum* erahnen, dem »Stern von Kolumbien«, der bis heute am teuersten verkauften Orchidee. 1903 mit umgerechnet 60 000 Goldmark gewertet, sicher so viel Wert wie heute ein Porsche.

► ***Oncidium* Sweet Sugar.** Hier kann man deutlich erkennen, dass die Blüten einem Insekt ähnlich sind – ein raffiniertes Täuschungsmanöver der Natur. Um die Fortpflanzung zu sichern, wird der Fortpflanzungstrieb des nachgeahmten Insekts ausgenutzt.

◄ **× *Colmanara* Wildcat,** mit den Eltern × *Odontonia* Rustic Bridge × *Odontocidium* Crowborough. Von dieser Sorte sind viele Varietäten im Handel. Sehr eindrucksvoll die Vielzahl der Blüten, aber es kommt auf jede einzelne an!

◄ ***Odontoglossum* Rawdon Jester,** eine Kreuzung, die *Rossioglossum grande*, der »Münchner-Kindl-Orchidee« sehr ähnlich ist. Allerdings nur in der Einzelblüte, die Rispen sind wesentlich größer. Eine Sensation auf jeder Fensterbank! Auch sie kann ruhig kühler gehalten werden.

Die richtige Pflege

▼ Zur guten Vorbereitung zählen die Auswahl der Gefäße (Töpfe, Körbe usw.), der Pflanzstoff, am Tag zuvor angefeuchtet, eine scharfe Schere, Bindematerial, Stäbe und Wasser. Bei gesunden Wurzeln (wie hier) nur die Wurzeln entfernen, die ohnehin nicht unbeschädigt oder geknickt im neuen Topf Platz finden würden. Nach dem Einpassen den Pflanzstoff vorsichtig einfüllen.

Temperatur, Licht & Luftfeuchtigkeit

Schwierige Namen, einfache Pflege: ziemlich hell bis halbschattig sollten sie stehen, bei normaler Zimmertemperatur, im Sommer möglichst nicht über 25 °C, jedoch immer mit einer Nachtabsenkung. Generell wollen sie vor direkter Sonne geschützt sein.

Auch hinsichtlich Luftfeuchtigkeit stellen Mehrgattungshybriden eigentlich keine besonderen Ansprüche, fühlen sich aber, wie alle Orchideen, erst ab etwa 40 % relative Feuchtigkeit richtig wohl. Fensterschalen und die Pflanzengemeinschaft sind auch bei ihnen wichtig. Obwohl es keine ausgesprochene Ruhezeit gibt, sollte man nach der Blüte immer nur gerade so viel Feuchtigkeit geben, dass die Bulben nicht schrumpfen. Dabei weniger Wasser möglichst immer in Verbindung mit niedrigerer Temperatur. Das Ende der Ruheperiode markiert der – oder die – neue/n Jahrestrieb/e.

Wie soll man gießen?

Mäßig feucht halten, ruhig ab und zu auch einmal tauchen, danach nur sprühen, keine Nässe! Und ausschließlich kalkarmes, temperiertes Wasser verwenden. Auch hier hat sich die Fingerprobe bewährt. Bei überwiegend torfhaltigen Pflanzstoffen heißt es besonders aufpassen. Solche Pflanzen sollten möglichst bald in strukturstabiles Substrat umgesetzt werden. Große, eher runde Bulben deuten auf eine längere Ruhephase. Flache Bulben, meist von *Miltoniopsis*, mögen es generell etwas feuchter (natürlich aber auch mit entsprechender Ruhezeit).

Lüften

Die gesamte Gruppe ist auf Frischluft angewiesen; man muss folglich auch im Winter lüften, dabei aber selbstredend kalten Luftzug direkt auf die Pflanzen vermeiden. Frostgefahr!

Düngen

Manchmal sind Pflanzen aus dieser Gruppe sehr groß, fast schon »mastig«. Die Gärtner brauchten mit Dünger nicht sparsam zu sein, zumindest nicht bei optimalen Bedingungen im Gewächshaus. Entsprechend wichtig ist die *langsame* Umstellung auf Zimmerverhältnisse. Die Pflanze muss »entwöhnt« werden. Zwar sollten auch Mehrgattungszüchtungen in der Wachstumszeit nur bei jeder 3. Gießgabe gedüngt werden. Direkt nach dem Kauf kann man jedoch zunächst – bei blühenden Pflanzen – ruhig mindestens wöchentlich einen Orchideendünger einsetzen. Nach der Blüte heißt es dann jedoch auf Normalmaß zurückschrauben. Insgesamt vertragen diese Pflanzen jedoch verhältnismäßig viel Dünger.

Umtopfen & Substrat

Mit dem neuen Trieb – jedoch nicht unbedingt im Winter – kann man umpflanzen. Der neue Topf soll Platz für 2 Jahrestriebe haben. Wird geteilt, setzt man nur 4–7 Bulben wieder ein, die übrigen kann man zu einer neuen Pflanze aufbauen. Auch Rückbulben lassen sich leicht zur Vermehrung nutzen. Hat man genügend Platz, sollte man die Orchidee nicht teilen – große Exemplare bringen mehr und größere Blüten. Vor dem Wiedereinsetzen werden beschädigte und kranke Wurzeln entfernt, der Austrieb bestimmt die Pflanzhöhe im Topf. Wählen Sie den Pflanzstoff (Substrat Typ A zum Selbermischen siehe Seite 24) nicht zu fein und drücken Sie ihn im Gefäß fest. Dränage wie üblich. Wurzellose Pflanzen werden mit einem Stab oder einem Haken fixiert; auf keinen Fall darf man sie lose auf dem Substrat halten oder gar zu tief pflanzen. Verwenden Sie flache Töpfe, auch Ampeltöpfe sind geeignet.

Weitere Orchideen der Gruppe

- ***Oncidium*, artenreiche Gattung (ca. 600 Arten!), meist gelbe Blüte, meterlange oder kleinblütige kurze Rispen.**
- ***Odontoglossum* (200 Arten); vor allem *Odontoglossum bictoniense* und Kreuzungen sind nahezu ideale Zimmerpflanzen.**
- **Die nahe verwandte Gattung *Rossioglossum* enthält neben der bekannten Naturform *Rossioglossum grande* eine Hybride 'Walter Raleigh', die mit besonders eindrucksvollen Blüten besticht. Beide sind auf eine strenge Ruhezeit angewiesen, sonst gelangen sie nicht wieder zur Blüte.**

Expertentipps

1 Tipps zum Kauf

In erster Linie gilt es auf pralle, gesunde Bulben zu achten und die Wurzeln zu inspizieren. Die Umstellung wird allgemein gut vertragen. Auch hier garantiert eine zu einem Drittel angeblühte Rispe die längste Blütezeit. Gerade bei Mehrgattungshybriden kann sich allerdings auch ein »Schnäppchenkauf« lohnen – häufig werden nämlich abgeblühte Pflanzen zu weniger als der Hälfte des ursprünglichen Kaufpreises angeboten. Sofern die Pflanze in gutem Allgemeinzustand ist, geht man damit kein Risiko ein, da alle Sorten schnell wieder zur Blüte kommen. Weil sich bei dieser Gruppe ebenso wie bei beiden *Oncidium* die Pollenkappe, also der Schutz der Pollen, schnell lösen kann und die Blüte dann vorzeitig verblüht, sollte man nur Pflanzen mit unbeschädigten Blüten erwerben.

1

2 Kann man lange Rispen kürzen?

Bei vielen Mehrgattungshybriden (besonders bei *Oncidium*-Hybriden) befinden sich an einer Rispe kleinere, aber dafür viele Blüten. Sie treiben »unendlich« lange Blütenrispen. Wenn man meint, nun reicht es, kann man einfach die Spitze abzwicken – schon bald werden sich Seitentriebe entwickeln. Kleinere Formen kann man unaufgebunden wachsen lassen, großblumige Varianten müssen aufgebunden werden. Bambussplitstäbe, keinesfalls zu kräftig, können die Rispe stützen. (Bei Naturformen und Hybriden der ersten Generation ist ein Abstützen normalerweise nicht nötig.) Bast oder Bindedraht, wenigstens an zwei Punkten fixiert, leisten gute Dienste.

3 Problem Knospenfall

Neben den bekannten Umstellungsproblemen nach dem Kauf oder durch falsche Kulturbedingungen bzw. Standortwechsel führt eigentlich nur Lichtmangel zum Knospenfall. Die Entwicklung der Blüten kann sich in der lichtarmen Jahreszeit verzögern, ja sogar ganz zum Stillstand kommen. Das ist normal. Warum sollte eine Pflanze blühen, wenn keine Insekten unterwegs sind?

4 Wann blühen die Mehrgattungshybriden?

Das lässt sich nicht auf eine bestimmte Jahreszeit oder gar bestimmte Monate festlegen, wenngleich hauptsächlich die lichtreichen Monate als Blütezeit in Frage kommen. Gut kultivierte Exemplare können alle 8 Monate eine Rispe oder auch zwei entwickeln. Dazu können parallel mehrere Triebe und damit Blüten ausreifen. In den Wintermonaten ist die Entwicklungszeit deutlich länger als in der lichtreichen Jahreszeit.

5 Meine Cambria will einfach nicht blühen!

Bei gut entwickelten Jahrestrieben ist meist Überdüngung oder zu viel Wärme ohne Nachtabsenkung die Ursache. Die Pflanze fühlt sich einfach zu wohl! Entwickeln sich die Jahrestriebe hingegen unzureichend, werden immer kleiner und sind eher mickrig (und mehr als 2 an einer Bulbe), kann man von einem Wurzelschaden durch zu viel Gießwasser ausgehen. Mit etwas Glück ist es möglich, eine solche Orchidee durch frühzeitiges Umtopfen zu retten.

4

4

6 Kann man Mehrgattungshybriden aufbinden?

Das Aufbinden ist grundsätzlich möglich, da alle Vorfahren epiphytisch wachsen. Dennoch sind die Voraussetzungen erst nach einer längeren Ein- bzw. Entwöhnungszeit gegeben (siehe Düngung, Seite 61). Aufgebundene Pflanzen sind genügsam, was man von den im Handel kultivierten Mehrgattungshybriden nicht immer sagen kann.

7

7 Ist ein Sommeraufenthalt im Freien möglich?

Von Juni bis August können die Pflanze auch draußen an einen schattigen Ort gestellt oder gehängt werden, am besten in einen Laub-, weniger geeignet in einen Nadelbaum. Bei längeren Regenperioden ist ein Schutz vor zu viel Nässe nötig. Größter Feind im Freien sind Schnecken, aber auch Ameisen, mit denen dann die Läuse kommen.

8 Was muss man im Gewächshaus beachten?

Für das temperierte Hobbygewächshaus sind alle Mehrgattungshybriden bestens geeignet. Sie lassen sich im Topf oder im Korb kultivieren. Da ihre Pflege ohnehin recht einfach ist, wird man im Gewächshaus erst recht keine Schwierigkeiten haben. In puncto Schädlinge

8

sind im Haus weniger Spinnmilben als Woll- und Schildläuse zu befürchten. Besonders im Sommer muss ausreichend belüftet werden, im Winter sorgt ein Ventilator für Luftbewegung.

9 Kann man Pflanzgefäße für Orchideen selbst herstellen?

Natürlich kann man Körbchen aus Holz, Draht **9a** oder Kunststoff auch selbst fertigen, aber auch Gefäße, z. B. Körbe für Wasserpflanzen **9b** verwenden, die ja eigentlich anderen Aufgaben dienen sollten. So sind flache Azaleentöpfe für Orchideen besser als normale Tontöpfe. Wichtig ist nur, dass aus dem Material keine pflanzenschädigenden Stoffe austreten. (Zink etwa kann in Verbindung mit Düngersalzen giftig wirken, ebenso sind bei Holz natürlich alle Holzschutzmittel zu vermeiden.) Immer sollten die Proportionen gewahrt sein, also eher flache als hohe Gefäße wählen. Geeignet sind auch spezielle Orchideentöpfe aus Ton, die über genügend große Löcher verfügen. Man kann sie auch beim nächsten Töpferkurs selbst fertigen. Holzkörbchen aus Lärchenholz sind besonders harzhaltig und daher lange haltbar.

10 Schädlinge und Schadbilder*

Leicht vermeidbare Pflegefehler sind zu viel und hartes Wasser. Am Substrat erkennbare

9b

9a

Schadbilder ①–③ lassen sich ebenfalls umgehen. Auf Schild- und Wollläuse ㉘, ㉙ sowie Spinnmilben ㉝ sollte man immer ein Auge haben. Pilzkrankheiten und Bakterien ⑥–⑧ sowie Trauermücken ⑤ bilden eine echte Gefahr. Rechtzeitiges Erkennen und Bekämpfen ist die wichtigste Maßnahme. Virenbefall ㊱ ist eher selten, und Schnecken ㉚ werden eigentlich nur im Freien zu einer Plage. Probleme bei der Knospenentwicklung sind fast immer durch Pflegefehler bedingt; selten treten sie auch durch Standortwechsel oder nach dem Kauf auf.

11 Möglichkeiten in Hydro und SERAMIS®

Mehrgattungshybriden sind sowohl in Hydrokultur als auch in SERAMIS® zu pflegen. Neben dem richtigen Zeitpunkt der Umstellung kommt es auf die Einhaltung der Ruhezeit an. Dabei können die Pflanzen zeitweise vollständig trocken gehalten werden. Blähton und SERAMIS® halten die lebensnotwendige Feuchtigkeit noch über 2–3 Wochen. Bei SERAMIS® nur Töpfe mit gutem Wasserabzug verwenden und auf eine Dränageschicht stellen, damit überschüssiges Wasser immer ablaufen kann. Im Winter etwas vorsichtiger (sprich: kleinere Mengen) gießen. Düngen wie in Erdkultur üblich. Auf jeden Fall einen Flüssigdünger verwenden.

---

* Die Ziffern im Kreis beziehen sich auf den Anhang Seite 135 ff.

Cattleya

Cattleya – tropische Schönheit

1824 erhielt der Engländer William Cattley (daher der Name der Gattung) eine Pflanzensendung aus Südamerika, der als Verpackungsmaterial längliche Pflanzenstücke beigefügt waren. Wie man heute weiß, handelte es sich dabei um Bulben der *Cattleya labiata,* die aus reiner Neugier weiter gepflegt wurden – und schon im nächsten Jahr ihre spektakulären Blüten zeigten! Mit dieser ersten Blüte lösten sie in Europa einen Orchideenrausch aus, der bis heute anhält. Rund 30 Arten zählen zu der in Süd- und Mittelamerika heimischen Gattung, die sich leicht mit anderen Gattungen kreuzen lässt. Die daraus resultierenden Pflanzen heißen etwa × *Laeliocattleya* (= *Cattleya* × *Laelia*) oder × Epicattleya (= *Cattleya* × *Epidendrum;* siehe auch Liste Seite 28/29).

► Eine typische × *Brassocattleya* ist × ***Brassocattleya* Pastorale,** erkennbar an der gefransten Lippe von *Brassavola.* Manche Vertreter dieser Gattung werden heute als *Rhyncholaelia* bezeichnet, darunter auch die häufig gekreuzte Art *Brassavola* bzw. *Rhyncholaelia digbyana.* Typisch für sie ist der liebliche Duft.

◄ × ***Laeliocattleya*** **Gold Digger,** eine leicht wachsende Mini-Cattleya mit Blütezeit im Frühjahr, die fast immer mehrblütig ist! Man muss schon einiges falsch machen, um mit dieser Pflanze keinen Erfolg zu haben.

◄ × ***Laeliocattleya*** **Thai Glow,** mit mittelgroßen, sehr festen und lange haltbaren Blüten. Benötigt wird ein heller, temperierter, warmer Standort. Die Pflanzen wachsen leicht und blühen zuverlässig.

▲ × ***Otaara*** **Hwa Yuan Bay** – noch einmal ein neuer Gattungsname, diesmal aus vier Gattungen zusammengesetzt, *Brassavola* × *Broughtonia* × *Cattleya* × *Laelia*. Ganz schön kompliziert für solch eine schöne Pflanze.

► × ***Brassocattleya*** **Binosa 'Wabush Valley'** AM/AOS. Die Bezeichnung AM/ AOS zeigt an, dass diese Pflanze eine Auszeichnung erhalten hat, in diesem Fall ein »Award of Merit« (AM), für Züchter sozusagen eine Goldmedaille. »AOS« bedeutet »American Orchid Society«. Standort: eher warm und hell.

Die Gattung *Cattleya* kann man in zwei Gruppen unterteilen, die jedoch die gleichen Pflegeanforderungen stellen: die **einblättrigen** und die **zweiblättrigen** (damit ist die Zahl der Blätter auf einer Bulbe gemeint.) Neben den besonders großen Blüten von *Cattleya labiata* oder *Cattleya mossiae* (bis 17 cm Durchmesser!) gibt es auch klein- und mehrblütige Arten. Meist allerdings wird die gesamte Pflanze recht groß, bei *Cattleya guttata* immerhin bis 150 cm, plus Blütenstiel mit noch einmal bis 30 cm. Leider sind die großblütigen *Cattleya* nicht lange haltbar. Die Züchtung ging daher dahin, durch Einkreuzung einblütiger Gattungen die Lebensdauer der Blüten zu verlängern. Grundsätzlich sind Cattleyen leicht zu pflegen, wenngleich manche die »warmen« Räume unserer Wohnungen nicht mögen. Durch Kreuzungen mit anderen Gattungen und warm wachsenden Arten sind allerdings richtige »Zimmercattleyen« entstanden.

► × ***Sophrolaeliocattleya* Mahalo Jack**. Hier erkennt man noch die Elternart *Cattleya walkeriana*, die aus Brasilien stammt. Gar nicht so kleine Blüten an einer relativ »kleinen« Pflanze.

▲ × ***Sophrolaeliocattleya* Mae Hawkins** mit mittelgroßen, wirklich feuerroten Blüten. Diese Pflanze pflegt man am besten in einem Ampeltopf, dann neigen sich die meist zahlreichen Blüten nach unten und man braucht sie nicht zu stützen.

► Bei × ***Epicattleya* Plicboa** sind noch deutlich die typische Blütenform und der lange Blütenstiel von *Epidendrum* erkennbar. Zuverlässig in der Blüte, sehr robust, verträgt viel Licht.

◄ × ***Epilaeliocattleya*** Don Herman, eine Kreuzung von *Laeliocattleya* Gold Digger × *Epidendrum stanfordianum*. Wieder eine Sorte mit *Epidendrum* unter den Vorfahren, deren Einfluss aber nicht mehr deutlich sichtbar ist, allenfalls in der Form der Lippe.

◄ × ***Potinara* Burana Beauty,** eine Orchidee mit zitronigem Duft. Eigentlich ist die Blüte allein schon schön genug, der starke, liebliche Duft jedoch macht sie zu einem Edelstein.

► × ***Brassolaeliocattleya* Golden Mul** mit zwar etwas kleineren Blüten, die jedoch durch intensive Farbe und besonders lange Haltbarkeit bestechen. Außerdem verträgt sie mehr Licht als andere Cattleyen.

Die richtige Pflege

▼ In jeder Orchideenausstellung sind Cattleyen die am meisten bewunderten Pflanzen. Eigentlich sind sie Sinnbild der tropischen Orchideen überhaupt. Allerdings muss man die relativ kurze Blütezeit akzeptieren.

Temperatur, Licht & Luftfeuchtigkeit

Cattleyen lieben es halbschattig bis hell. Sofern man sie (langsam) daran gewöhnt, vertragen sie auch starke Sonne. Trotz der fast sukkulenten Blätter können sie bei starkem Lichteinfall und Wärme besonders hinter Glas freilich leicht verbrennen.

Was die Temperatur angeht, wollen sie es am Tag zimmerwarm, nachts mit einer deutlichen Temperaturabsenkung (mindestens 5 °C). Sie brauchen ständige leichte Luftbewegung, jedoch keine sonderlich hohe relative Luftfeuchte (ca. 40 % sind optimal). Zwar muss man sie weniger häufig übersprühen als z. B. *Phalaenopsis,* im Sommer im Zimmer oder bei trockner Heizungsluft ist es aber dennoch notwendig.

Da ohne Ruhezeit keine Blüte, muss man auch *Cattleya* unbedingt am Wachstumsende eine Ruhezeit gönnen.

Wie soll man gießen?

Das Substrat muss vor dem nächsten Gießen oder Tauchen (nach Möglichkeit Regen- oder kalkfreies Wasser verwenden) völlig abtrocknen; danach jeweils reichlich gießen – und wieder warten. Das kann in der Ruhezeit schon einmal 2 bis 3 Wochen dauern. Überschüssiges Gießwasser muss aus dem Untersetzer/Übertopf entfernt werden.

Lüften

Cattleya benötigen viel Frischluft, denn an vielen Standorten wachsen sie in großer Höhe in den Baumkronen. Auch in der Ruhezeit muss für ausreichend Frischluft gesorgt werden. Andererseits sind sie ziemlich unempfindlich gegen Zugluft, sofern diese nicht zu kalt ist.

Düngen

Als Epi- oder Lithophyten sind diese Pflanzen nicht gerade mit Nährstoffen verwöhnt, aber schon aufgrund der teilweise stattlichen Größe und Vielzahl der Blüten geht es nicht ohne Düngen. Trotzdem darf man sich bei *Cattleya* nicht täuschen: Sie kommen mit Mangel besser zurecht als mit Überschuss. Entscheidend ist immer der individuelle Zustand der Pflanze. Ruhezeiten und Wachstumszyklen sind genauso maßgebend wie Licht und Wasserqualität. Bei gesunden Pflanzen wird mit dem Beginn des neuen Triebes gedüngt. Wer keinen fertigen Orchideendünger verwenden will, kann seinen

1

2

3

4

5

6

▲ Mit Rückbulben kann man Cattleyen leicht vermehren. Hier dient ein Draht als Wurzelersatz. Nach etwa 3 Monaten entwickelt sich ein neuer Trieb unter der Folie (Bild 6 und unten links). Dann die Folie entfernen und nach ausreichender Wurzelbildung in normales Substrat umpflanzen.

Dünger selber mischen: bei Wachstumsbeginn N:P:K im Verhältnis 3:2:2 plus Spurennährstoffe. Im Wachstum dann N:P:K im Verhältnis 2:3:3 plus Spurennährstoffe. Dosierung und Häufigkeit immer an das Wachstum anpassen. Bei zu hoher Konzentration kommt es schnell zu Wurzelschädigung, oder es passiert, dass der Neutrieb stecken bleibt, schwarz wird und abstirbt (natürlich können auch andere Ursachen den Neutrieb verhindern).

Umtopfen & Substrat

Mit dem Neutrieb kann – wenn nötig – umgetopft werden. Schon vor dem Trieb bilden sich deutlich sichtbar die neuen Wurzeln. Der Wurzelansatz indiziert die richtige Pflanzhöhe im Gefäß. Vor dem Einsetzen alle beschädigten, vor allem aber alle faulen, braunen und nassen Wurzeln entfernen. Da im Gefäß mindestens noch 2 neue Triebe Platz finden sollen, sind wegen der recht langen Rhizome einiger Cattleyen manchmal recht große Töpfe nötig. Deshalb bieten sich flache Gefäße, Körbe oder Ampeltöpfe an: So wird die Substratmenge reduziert, und die Pflanzen können auch einmal austrocknen. *Cattleya,* die geteilt werden sollen, müssen mindestens 8 Bulben und möglichst 2 neue Leittriebe aufweisen. Bei wurzellosen Exemplaren muss man den letzten Trieb mit einem Stab oder einem Haken als Ersatzwurzel stützen (siehe Bilder 1 – 4). Den Topf bis zum Einwurzeln möglichst nicht bewegen.

Eine Vermehrung ist über **Rückbulben** leicht möglich. Dabei sollte man bei den Rückbulben losen Bast entfernen oder zumindest kontrollieren, da sich hier gern Schädlinge verbergen. Cattleyen benötigen ein sehr grobes Substrat (Substrat Typ A zum Selbermischen siehe Seite 24); bei Fertigerden sucht man grobe Bestandteile aus. Das Substrat muss besonders strukturstabil sein und auch bleiben. Unbedingt nur hochwertige Substrate verwenden. Ein hoher Rindenanteil verbessert zunächst die Struktur, bleibt aber nur für eine Saison erhalten. Besser weil stabiler sind Kokoschips.

◄ Mit dem neuen Trieb kommen auch die frischen Wurzeln (rechts).

Expertentipps

I Tipps zum Kauf

Da Cattleyen sehr langsam wachsen und meist schon 5 Jahre oder älter sind, wenn sie erstmals zur Blüte kommen, sind sie im Vergleich mit etwa *Phalaenopsis* sehr teuer. Daher ist es besonders wichtig, beim Kauf auf einen guten Allgemeinzustand zu achten. Am besten erwirbt man entweder Pflanzen mit »kleinen« Knospen oder voll erblühte. Sich gerade öffnende Blüten vertragen die Umstellung und den Transportstress häufig schlecht. Wegen des fortgeschrittenen Alters der Pflanzen ist es normal, wenn Blätter oder / und Bulben Blattschäden, trockene Flecken usw. aufweisen. Auch alte Triebe dürfen leicht schrumpfen. Wichtig ist, dass die letzten zwei Triebe einwandfrei sind.

Achten Sie auf Schädlinge, besonders unter der Bastschicht an der Bulbe 1a. Und kaufen Sie keine Pflanzen mit gefransten oder verformten Blüten (oft sind auch im Blatt längs gestrichelte Flecken zu erkennen), weil dann Verdacht auf Virusbefall besteht.

1

1a

2 **Wann blühen eigentlich Cattleyen?**

Je nach Sorte, Art und Gattung können Cattleyen mitten in der Ruhezeit blühen, ohne gleich einen neuen Trieb zu bilden. Die Blütenstände werden unmittelbar mit dem Neutrieb direkt nach Abschluss des Jahrestriebes sowie zu allen anderen Zeiten gebildet. Der Grund für diese »Flexibilität« der Pflanze liegt offenbar in der Abhängigkeit von den bestäubenden Insekten. Cattleyen zeigen hier eine Abweichung von der Regel – üblicherweise wird bei Orchideen erst der Trieb, dann die Blüte gebildet. Solche Abweichungen findet man übrigens auch bei anderen Gattungen.

3 **Warum blüht meine *Cattleya* nicht?**

Häufigste Ursache dafür sind nicht ausgereifte Triebe. Der neue Trieb muss mindestens so groß sein wie sein Vorgänger. Ruhezeit unbedingt einhalten!

TIPP **Geburtshilfe leisten**

Die eigentlichen Knospen werden durch eine Blütenscheide geschützt, die im Laufe der Zeit vollständig eintrocknen kann. Das ist normal, solange die Knospe selbst grün bleibt. Hält man die Scheide gegen das Licht, kann man die Knospen darin meist deutlich erkennen. Leider wird die Blütenscheide im Zimmer manchmal sehr fest und hart. Dann kann die Knospe unter Umständen sogar stecken bleiben. In diesem Fall ist es wichtig, die Scheide vorsichtig aufzuschneiden. Dabei darf man natürlich die Knospe nicht beschädigen.

3

8

4 Problem Knospenfall
Neben dem oben beschrieben »Steckenbleiben« der Knospen kommt es vor, dass Knospen abgestoßen werden. Auch hier sind natürlich in erster Linie vermeidbare Pflegefehler die Ursache, zumeist Rauch (Ethylen) und kalte Zugluft.

5 Soll man Cattleyen mit anderen Zimmerpflanzen zusammen halten?
Selbstverständlich leben auch *Cattleya* lieber in einer Pflanzengemeinschaft; allerdings sollten die Nachbarn ebenso sonnenhungrig sein. Gut vertragen sie sich etwa mit Gliederkakteen und anderen Sukkulenten.

6 Ist ein Sommeraufenthalt im Freien möglich?
Im Sommer können Cattleyen an einem regengeschützten Platz im Garten stehen. Bei Temperaturen unter 12 °C muss man sie allerdings wieder ins Haus holen. Draußen ist auf Ameisen und v. a. Schnecken zu achten, die besonders die weichen Knospen und später die Blüten als Leckerbissen ansehen.

In der Natur schützen sich einige Cattleyen durch Ameisen vor anderen Schädlingen. Vor der Blüte werden zuckerhaltige Tropfen an der Knospe gebildet, sozusagen als Lohn für den Wachdienst. In Kultur – ohne Ameisen – können sich Pilze (Rußtau) auf diesen Tropfen ansiedeln. In der Regel sind sie aber ohne Folgen für die Blütenentwicklung.

7 Muss man *Cattleya*-Blüten stützen?
Das Aufbinden, genauer gesagt Stützen der Blüten ist eigentlich nur bei sehr großblütigen Sorten und bei mehr als 3 Blüten notwendig. Manchmal bietet es sich an, die Rispe über die Blätter zu heben, um sie so besser bewundern zu können.

8 Kann man Cattleyen aufbinden?
Cattleyen sind aufgebunden sogar besonders erfolgreich zu kultivieren. Voraussetzung ist allerdings eine relative Luftfeuchte nicht unter 50 %. Das Aufbinden erfolgt mit Bildung des Jahrestriebes; man muss die Pflanze sehr fest anbinden, mit nur wenig Substrat als Unterlage.

9 Was muss man im Gewächshaus beachten?

Auch im Gewächshaus gehören Cattleyen zu den eindrucksvollsten Orchideen. Ihre Umgebung muss hell und luftreich sein. Zu Zeiten, in denen nicht gelüftet wird, ist ein durchgehend betriebener Ventilator absolutes Muss. In einem Haus mit vielen Pflanzen aus verschieden Gattungen erhalten Cattleyen den hellsten Platz – am besten aufgebunden oder im dekorativen Holzkorb. Schattiert wird nur von Anfang Mai bis Ende August. Die Luftfeuchtigkeit im Gewächshaus muss nur in der Wachstumszeit relativ hoch sein.

10 Schädlinge und Schadbilder*

Steigender Salzgehalt durch sich zersetzendes Substrat oder durch hartes Gießwasser, Überdüngung und / oder Staunässe führt zur Wurzelschädigung und zum Verlust des Neutriebs, bei längerem Anhalten sogar zum Totalverlust ①–③. Beteiligt sind dann natürlich auch Pilze und Bakterien ⑥–⑧. Woll- und Schildläuse ㉙, ㉘ können sich vor allem unter der Bastschicht an der Bulbe und an den Blütenscheiden massenhaft ausbreiten; laufende Kontrolle ist deshalb wichtig ⑪. Gefürchtet sind Viren ㊱ 10a. Sie sind nur vom Fachmann zu erkennen, bei Verdacht sollte die Pflanze aber sofort isoliert werden. Arbeiten Sie immer mit desinfiziertem Werkzeug (Flamme). Schnecken ㉚ 10b, vor allem Nacktschnecken, haben es im Freiland und im Gewächshaus auf die zarten Blüten abgesehen. Bei gefährdeten Cattleyen kann man vorbeugend einen trockenen Wattestreifen um die Rispe legen, oder Gurkenscheiben zum *Anlockern* auslegen, das hält die Tiere ab. Befall mit *Botrytis* ㉕ kann bei hoher Luftfeuchtigkeit im Herbst oder Winter zum Problem werden.

10a

10b

11 Möglichkeiten in Hydro und SERAMIS®

Vor allem die lithophytischen Cattleyen sollten sich in Hydro und SERAMIS® wohl fühlen – sofern man sie wie in Substratkultur behandelt. Neben der Ruhezeit, die streng einzuhalten ist, muss man die Gießintervalle dem Substrat anpassen. In Hydrokultur nach dem Auffüllen bis »Optimum« die Pflanze unbedingt immer wieder vollständig abtrocknen lassen. Bei SERAMIS® lässt man den Anzeiger entsprechend lange auf »trocken« (rot).
Die Umstellung erfolgt natürlich auch bei *Cattleya* immer nur mit dem neuen Trieb.
Bei SERAMIS® wird nur der alte Pflanzstoff entfernt, der sich ohne Kraftaufwand abschütteln lässt, bei Hydro wäscht man sämtlichen Pflanzstoff aus.

---
* Die Ziffern im Kreis beziehen sich auf den Anhang Seite 135 ff.

Cymbidium

Cymbidium – die Kahnlippe

Die meisten im Handel angebotenen Cymbidien sind eigentlich als Zimmerpflanzen zu groß, werden wegen ihrer imposanten Rispe aber trotzdem gerne gekauft. Allerdings klappt es nicht immer auch mit einer neuen Blüte. Wachsender Beliebtheit erfreuen sich kleine und kleinblütige Sorten, die nicht nur besser ins Zimmer passen, sondern auch leichter wieder blühen. (Ursprünglich wurden die großblumigen Sorten auch nur als Schnittblumen kultiviert.)

Die wichtigsten Vorfahren stammen aus Birma, Thailand, Indien, Nepal, Vietnam, Indonesien und Australien, wo sie auf unterschiedlichen Höhen (Temperaturen) epiphytisch oder (wenige) terrestrisch wachsen. Bei den Chinesen waren sie schon lange vor der Zeitrechnung als Kübelpflanzen bekannt und geschätzt. In dieser Funktion – als Kübelpflanzen – könnten sie auch wieder Bedeutung erlangen.

Bekannt wurden Cymbidien zunächst durch die lange Haltbarkeit der Blüte, die noch geschnitten viele Wochen lang das Auge erfreut. Zu ihrem Erfolg trug auch bei, dass einige der wichtigsten Vorfahren *(Cymbidium lowianum* und *Cymbidium giganteum)* bei uns im Frühjahr blühen, gerade rechtzeitig zum Muttertag! Nachdem ihre Bedeutung als Schnittblumen zurückging, haben geschäftstüchtige Gärtner Cymbidien zu Topforchideen umfunktioniert – leider nicht immer zur bleibenden Freude des Käufers.

▲ ***Cymbidium*** × **Big Trees** erinnert noch ein wenig an die grün blühenden Eltern wie *Cymbidium lowianum*, die 1877 erstmals in Burma (Myanmar) gefunden wurden. Als Schnittorchideen waren sie viele Jahrzehnte lang die Nummer eins.

► ***Cymbidium*** × **Nicole's Valentine** gehört zu den Miniatur-Cymbidien, gemeint ist dabei aber nur die Blüte, denn die Pflanzen selbst werden doch recht groß. Begeistern kann man sich für die Vielblütigkeit,

► ***Cymbidium* × Gymer 'Cooksbridge'** ist eine typische Schnittorchidee mit vielen großen Blüten in leuchtender Farbe und mit langer Haltbarkeit im geschnittenen Zustand bzw. noch länger an der Pflanze. Allerdings beanspruchen die viele Blüten auch optimale Kulturbedingungen.

◄ Die hellfarbigen Sorten sind besonders empfindlich gegen Druck und Stoß. Da man aber alle großblumigen Sorten aufbinden muss, hat dies besonders umsichtig zu geschehen. Vorsicht, die Pollenkappen sitzen recht locker. Lösen sie sich, kommt es zur Bestäubung und raschem Verblühen.

◄ Offene und geschlossene Blütenformen sowie groß- und kleinblumige Sorten sind hier vereinigt. Das Farb- und Formenspektrum der Cymbidien ist aber noch viel größer. Die offenen, meist älteren Sorten wirken häufig eleganter und weniger »künstlich«.

Die richtige Pflege

▼ Cymbidien gehören zu den »stark zehrenden« Orchideen. Eine entsprechend häufige Düngung ist daher unerlässlich. Dabei unbedingt einen Orchideendünger verwenden.

Temperatur, Licht & Luftfeuchtigkeit

Cymbidien sind sehr lichthungrig, vertragen aber im Sommer keine direkte Sonne. Im Sommer fühlen sie sich am Tag bei Temperaturen um 30 °C und mehr wohl, wobei das Thermometer nachts ruhig auf 15 °C sinken kann. Im Herbst und Winter sind tagsüber 15–18 °C, nachts 8–10 °C weniger ideal – wobei diese Angaben natürlich auch vom Wachstumszyklus der einzelnen Pflanze (Sorte) abhängen. In jedem Fall brauchen die ausgereiften Triebe eine möglichst große Temperaturdifferenz zwischen Tag und Nacht. Und ebendas ist im Zimmer normalerweise nicht möglich. Außerdem sollte die Luftfeuchtigkeit bei 60–80 % liegen, was im Zimmer ebenfalls schwer zu erreichen ist.

Einige Miniatur-Cymbidien weichen von den oben genannten Bedingungen ab. Leider ist es schwierig, diese zu erkennen. Es gibt nämlich großblättrige Pflanzen mit kleinen Blüten, die wie die »Großen« kultiviert werden (auch wenn sie etwas temperaturtoleranter sind). Die »echten Minis« – in Pflanzen- und Blütengröße – sind freilich attraktive und recht dankbare Topforchideen. Sie entwickeln hängende Rispen, die man auch niemals aufbinden sollte, denn nur so zeigen sie ihre volle Schönheit. Da ihre Vorfahren in tropisch-warmen Regionen zu Hause sind, gehören sie unbedingt ins Zimmer: durchschnittliche Temperatur am Tag 20 °C, nachts nicht unter 17 °C. Man kann sie sogar gut mit Falterorchideen zusammen kultivieren.

Wie soll man gießen?

Wer schnell wächst, braucht ausreichend Wasser und Nährstoffe. Während der Wachstumsperiode sollte deshalb immer kräftig gewässert werden, doch auch sonst darf der Pflanzstoff nie vollständig trocken werden. *Cymbidium* haben nämlich keine Ruhepause wie andere Orchideen. Neue Triebe wachsen bei ihnen parallel mit den Blüten. Wichtig ist nur, dass die Bulben / Triebe wirklich ausreifen. Unreife Bulben werden trotz Nachtabsenkung der Temperatur keine Blüten bringen. Bei den warm wachsenden Sorten ist die Anpassungsfähigkeit besonders groß.

Lüften

Die Gattung benötigt viel Frischluft, wobei die Luftfeuchtigkeit nicht zu niedrig werden darf. Im Freien sollte man um die Pflanze herum morgens durch Sprühen für künstliche »Taubildung«

sorgen. Bei den warm wachsenden Sorten, die ja auch im Zimmer bleiben können, wird im Sommer reichlich gelüftet.

Düngen

Cymbidien, zumindest die großblumigen Sorten, gehören zweifelsfrei zu den stark zehrenden Orchideen. Manchmal wird sogar die Verwendung von Blaukorn empfohlen. So weit sollte man natürlich nicht gehen, aber bei jeder zweiten Gießgabe sollte Dünger dabei sein (oder bei jeder, wenn entsprechend geringer dosiert wird). Dazu wählt man am besten einen Orchideendünger mit hohem Stickstoffanteil. Ab Ende

▲ Beim Umtopfen von Cymbidien darf es ruhig etwas »grob« zugehen. Den dicht verfilzten Wurzelballen kann man nur mit »Gewalt« (Messer) teilen. Wichtig: nur strukturstabilen Pflanzstoff verwenden.

Juli dann 8 Wochen lang einen normalen Blütendünger (Dosierung mindestens halbieren) verwenden, anschließend normal weiterdüngen. Es wird ganzjährig gedüngt.

Umtopfen & Substrat

Cymbidien mögen stark durchwurzelte Töpfe. Umzutopfen braucht man erst, wenn die Neutriebe über den Topfrand hinauswachsen oder der Topf durch die Wurzelmasse aufplatzt. Das kann gut 2 Jahre dauern. Dann reicht es allerdings nicht mehr, das alte Substrat nur ein wenig zu entfernen, die Pflanze in einen neuen Topf zu setzen und mit neuem Substrat aufzufüllen. Man muss dann schon einen größeren Eingriff vornehmen: Neben der Schere kann schon einmal ein kleines Beil nötig sein, um das dichte Wurzelwerk zu öffnen. Große Pflanzen erfordern Kraft und Geduld, denn natürlich sollte man möglichst wenig Wurzeln zerstören. Beim Umtopfen können unbelaubte Bulben entfernt und große Pflanzen geteilt werden. Allerdings blühen große Pflanzen leichter und bringen mehr Blüten. 5 Bulben pro Topf sind das Minimum. Der Topf selbst sollte möglichst tief sein (gut geeignet sind Baumschulcontainer) und noch mindestens 2 neuen Jahrestrieben Platz bieten. Eine Zumischung von bis zu 20 % SERAMIS® oder Blähton macht das Substrat strukturstabil.
Als Dränage eignet sich besser Blähton statt Styropor. Man kann jede fertige Orchideenerde als Grundmaterial verwenden (oder Substrat Typ C zum Selbermischen, siehe Seite 24).
Echte Mini-Cymbidien lassen sich in normaler Orchideenerde, in flachen oder in Ampeltöpfen unterbringen (Substrat Typ A zum Selbermischen, siehe Seite 24). Sie sind schließlich echte Epiphyten. Eine Vermehrung über Rückbulben ist leicht möglich. Dabei von beblätterten Rückbulben die Blätter entfernen oder zumindest einkürzen.

Expertentipps

1 Tipps zum Kauf

Neben dem Allgemeinzustand, der bei *Cymbidium* äußerlich meist sehr gut ist, sollte man aus den oben erwähnten Gründen auf früh blühende Sorten achten. Kaufen Sie keine Pflanzen mit Wurzelschäden, also solche, die locker im Topf sitzen oder braune matschige Wurzel zeigen. Und vermeiden Sie Pflanzen, bei denen die Wurzeln schon über den Topfrand »quellen« 1b oder die Wurzeln den Topf nach oben drücken (es sei denn, Sie wollen sie gleich umtopfen). Bereits verblühte, oder beim Transport beschädigte Blüten erkennt man leicht an der bereits dunkel verfärbten Lippe 1a. Nicht kaufen!

1a

2 Meine Cymbidie blüht einfach nicht!

Die Antwort auf diese wohl am häufigsten gestellte Frage bei der *Cymbidium*-Kultur ist meist ganz einfach: Weil sie zu warm gehalten wird. Oder, sofern sie in den Garten darf, weil sie Ende September schon wieder eingeräumt wird. Im Wohnzimmer nämlich fehlt schlichtweg die nötige Nachtabsenkung. Es bleibt folglich die Unterbringung im Gewächshaus oder Wintergarten, in hellen, kühlen Fluren, Kellern und Schuppen, wie man es von Kübelpflanzen wie z. B. Fuchsien her kennt. Zeigen sich dort dann Knospen, sollte die Cymbidie bis zur vollen Blüte am kühlen Standort bleiben und erst dann in den warmen Wohnraum geholt werden; sonst besteht die Gefahr, dass die Knospen abfallen. Kann man diese Bedingungen nicht bieten, lieber verzichten! Neutriebe 2a kann man leicht mit Blütentrieben 2b verwechseln. Auch ein regennasser Sommer kann übrigens zu einem blütenlosen Jahr führen.

1b

2a

2b

3 Die neue Bulbe ist viel kleiner

Eigentlich ist es bei Orchideen ein schlechtes Zeichen, wenn die neue Bulbe kleiner als ihr Vorgänger heranwächst. Bei *Cymbidium* wird es sich, zumindest im ersten Jahr nach dem Kauf, dennoch nicht vermeiden lassen. Denn die angebotenen »Topf-Cymbidien« sind häufig nichts anderes als geteilte (ausrangierte!) Schnittsorten. Man kann es leicht daran feststellen, dass die vorherige Bulbe wesentlich größer ist als die jetzt blühende. Große, manchmal sogar frei ausgepflanzte Schnittblumensorten werden so zu Topfpflanzen umfunktioniert. Die Kraft der derzeitigen Blüte stammt noch aus der optimalen Gewächshauskultur, doch im Zimmer oder Wintergarten fehlen den Pflanzen dann die »harte Droge« Düngung und zusätzliche CO_2-Begasung der Profis. Sie fallen auf »Normalmaß« zurück. Eine kleine Bulbe ist also kein Grund zur Besorgnis. Wiederholt es sich allerdings in den kommenden Jahren, ist falsche Pflege dafür verantwortlich.

4 Problem Knospenfall

Nachdem sich die Knospen zeigen, darf die Cymbidie nicht zu warm stehen oder großen Temperaturschwankungen ausgesetzt werden. Sonst besteht die Gefahr, dass Knospen sich nicht weiterentwickeln und letztlich abfallen. Auch können Transportstress, zu kalte Temperatur im Verkaufsraum und die Folienverpackung als Ursachen in Frage kommen.

5 Soll man Cymbidien mit anderen Zimmerpflanzen zusammen halten?

Für die Kultur auf der Fensterbank sind sie eigentlich meist zu groß; stattdessen eignen sie sich für den temperierten bis kalten Wintergarten oder als Kübelpflanzen.

6 Was muss man im Gewächshaus beachten?

Von der Temperatur her gehören Cymbidien in das temperierte Gewächshaus – aber eigentlich auch wieder nicht, denn es kann nachts ruhig kälter werden. Verbindet man

8

8a

7

den Gewächshausaufenthalt jedoch mit einem Sommerurlaub im Freien (ab Juni), wird man sicher erfolgreich sein. Wichtig sind hohe Luftfeuchtigkeit, ein heller Platz und Luftbewegung. Die Pflanzen dürfen nicht zu dicht stehen, damit sie genügend Licht erhalten. Schutz vor Schnecken bieten und regelmäßig auf Spinnmilben kontrollieren (siehe unter »Schädlinge«).

7 Wenn man auf *Cymbidium* nicht verzichten will

Will man auf *Cymbidium* partout nicht verzichten, kommt es auf die richtige Auswahl an (es gibt ja auch die problemlosen Miniaturformen; siehe Bild). Wählen Sie nur früh blühende Sorten, das sind solche, die ab Oktober bis Dezember ihre Blüten entfalten. Bei ihnen erfolgt die Blüteninduktion ca. 3 Monate vor der Blüte und somit zu einem Zeitpunkt, wo man die Pflanzen noch problemlos im Freien bei »natürlicher« hoher Tages- und niedriger Nachttemperatur halten kann. Bei allen Sorten, die ab Januar bis Mai blühen (»Muttertags-*Cymbidium*«), kann es im Zimmer zu keiner Induktion kommen; eine Chance dazu bestünde nur im Wintergarten oder im Gewächshaus.

8 Ist ein Sommeraufenthalt im Freien möglich?

Er ist nicht nur möglich, sondern eigentlich unumgänglich. Geschätzt wird ein heller Standort, wenn man die Pflanzen vorsichtig eingewöhnt, sogar in voller Sonne. Wichtig ist möglichst hohe Luftfeuchtigkeit, wenn nötig erzeugt man morgens »künstlichen Tau« durch Sprühnebel. Vor zu viel Regen und Sonne schützen. Der Aufenthalt im Freien kann bis Oktober ausgedehnt werden, jedoch rechtzeitig vor dem Frost einräumen, sonst kommt es zu irreparablen Frostschäden 8a! Zeigen sich bei sehr früh blühenden Sorten schon im Freien die Blütenansätze, sollte man die Pflanzen rechtzeitig an den Ort bringen, wo sie später zur Blüte gelangen sollen. Je früher die Umstellung, desto sicherer ist die Kontinuität der Blütenentwicklung.

9 Kann man *Cymbidium* aufbinden?

Bei den großblumigen Sorten, auch wenn sie teilweise epiphytischen Ursprungs sind, verbietet sich das Aufbinden schon durch die Größe. Bei einigen Arten und bei den Miniaturhybriden ist es aber möglich. Gerade bei ihnen zeigt sich die herabhängende Rispe dann in voller Schönheit. Die Unterlage kann für *Cymbidium* etwas »üppiger« ausfallen. Meist entwickeln sie schnell ausreichend Luftwurzeln (Beispiel: *Cymbidium suave*), um den Pflanzstoff zu besiedeln.

9

10

10 Schädlinge und Schadbilder*

Bei *Cymbidium* sind vor allem zwei Schädlinge häufig: die Schildlaus (28), die sich am Blatt und zwischen den Hüllblättern der Bulben versteckt, und die bereits mehrfach erwähnte Spinnmilbe (33), (15). Regelmäßige Kontrolle der Pflanzen beugt schlimmeren Schäden vor (11), (15). Weniger oft treten Bakterien und Pilze (7), (8) auf, manchmal allerdings Wurzelpilze (6). Nicht selten, aber schwer erkennbar sind Viren (36) sowie Nährstoffmangel oder -überschuss (17), (18).

11 Möglichkeiten in Hydro und SERAMIS®

Beide Kulturformen sind für die Gattung ausgezeichnet geeignet. Allerdings bieten sie nicht wirklich Vorteile, weil das Wässern von *Cymbidium* ohnehin nicht schwierig ist und ein Gießen auf Vorrat schlecht vertragen wird. Die Umstellung erfolgt mit dem Trieb, bei Hydrokultur ist nochmaliges Auswaschen nach ca. 3 Monaten sinnvoll (dicke Wurzeln). Bei SERAMIS® genügend große Töpfe wählen.

* Die Ziffern im Kreis beziehen sich auf den Anhang Seite 135 ff.

Paphiopedilum

Paphiopedilum – der Frauenschuh

Der Frauenschuh ist der Klassiker auf der Fensterbank. Schon lange bevor man Falterorchideen kultivierte, stellte diese Gattung beliebte Zimmerorchideen. In gewisser Hinsicht ist der Frauenschuh ja sogar ein »Nachbar«, blüht er doch an manchen Stellen in Deutschland auch heute noch in der Natur (z. B. der Venusschuh *Cypripedium calceolus*). Unsere Zimmerfrauenschuhe stammen jedoch alle aus Asien. Und obwohl die Blütenform ähnlich ist, haben die beiden Gattungen eigentlich nichts miteinander zu tun. Allerdings wachsen auch die Orchideen der Gruppe *Paphiopedilum* an den Naturstandorten ausschließlich terrestrisch. Sie sind also Erdorchideen, die aber immer in einer humosen, lockeren Substratschicht gedeihen, nicht in herkömmlicher Erde.

▲ Nicht alle »Frauenschuhe« stammen aus den Tropen. Auch die Blüten des heimischen ***Cypripedium calceolus*** haben die typische »Schuhform«. Von dieser Art werden inzwischen sogar Gartenhybriden angeboten.

► Bei kleinblumigen Sorten entwickeln sich häufig mehr Blüten als bei den großblumigen Züchtungen. Hier eine ältere ***Paphiopedilum insigne*-Hybride**.

▼ ***Paphiopedilum* Maudiae** hat auch ohne Blüten noch einen hohen Zierwert durch die marmorierten Blätter. Diese sehr alte Züchtung aus dem Jahr 1900 hat auch als »alte Dame« nichts von ihrem Charme eingebüßt.

► Gerade großblumige Sorten, die früher nur als Schnittblumen gehandelt wurden, werden heute häufig angeboten. Leider fehlt oft der richtige Sortennamen, sodass man nur von ***Paphiopedilum*-Hybriden** sprechen kann. Ihre Pflege erfordert Geduld, denn die großen Blüten haben eine längere Entwicklungszeit; dafür entschädigen sie mit außergewöhnlicher Haltbarkeit.

▲ ***Paphiopedilum* Ashburtoniae** wurde schon 1871 in England von Lady Ashburton gezüchtet. Die frühen Kreuzungen haben eine »offene« Blüte. Später bevorzugte man eher die »runden« Formen.

► ***Paphiopedilum* Deperle** (= *Paphiopedilum delenatii* × *Paphiopedilum primulinum*) wurde 1980 von M. Lecoufle in Paris gezüchtet. Leider wird diese Sorte nicht mehr häufig angeboten.

Frauenschuhe haben keine Luftwurzeln und kein Velamen (oder nur kurzzeitig), sondern entwickeln Wurzelhaare, die die Aufnahmefläche der Wurzel enorm vergrößern – eine optimale Anpassung an das lose Substrat, das die Wurzel nicht fest umschließt.

Die Gattung *Paphiopedilum,* aus der unsere Zimmerorchideen stammen, ist nahe verwandt mit den Gattungen *Cypripedium, Phragmipedium* und *Selenipedium.* Gemeinsam ist allen die schuhförmige Lippe der Blüte. *Paphiopedilum* ist auf die tropische Regionen Asiens beschränkt (darunter Nepal, Indien, China, Vietnam, Laos, Indonesien und die Philippinen). *Cypripedium,* bei uns inzwischen auch manchmal als Gartenorchidee angeboten, kommen in Europa, Asien, Nord- und Südamerika vor, *Selenipedilum* und *Phragmipedium* ausschließlich in Südamerika. Die letztgenannte Gattung spielt auch bei den Zimmerorchideen zunehmend eine Rolle; besonders beliebt ist *Phragmipedium bessae* wegen seiner auffällig roten Blüte. Sicher sind rote Frauenschuhe bald keine Seltenheit mehr.

▼ Eine andere Auslese aus der Kreuzung ***Paphiopedilum delenatii* × *Paphiopedilum primulinum*.** Auffällig ist das dunkelgrüne marmorierte Laub.

▼ ***Paphiopedilum haynaldianum* var. *album*** ist eine botanische Rarität, die man selten zu sehen bekommt, die sich aber in manchen Züchtungen wiedererkennen lässt. Ihre Heimat ist die philippinische Hauptinsel Luzon.

▲ ***Paphiopedilum curtisii*** **× Ida Brandt** ist eine mehrblütige Sorte. Früher eher selten, werden sie oder ähnliche Sorten heute häufiger angeboten, meist als große Pflanzen.

◄ Wieder eine mehrblütige, jedoch kleinblütigere Sorte, eine **Kreuzung mit *Paphiopedilum glaucophyllum*.** Anders als bei ähnlichen Hybriden der Art, die meist nacheinander aufblühen, entwickelt sich hier die ganze Blütenrispe gleichzeitig.

◄ ***Paphiopedilum*** **Lebaudyanum** (= *Paphiopedilum haynaldianum* × *P. philippinense*). An einer Pflanze dieser Sorte können die Blütenrispen bis zu 100 cm lang werden – eine kleine Sensation in jeder Orchideensammlung.

▼ Ein Frauenschuh in der Trendfarbe 2004. Letztlich finden sich bei Orchideen alle Modefarben wieder.

Die richtige Pflege

Temperatur, Licht & Luftfeuchtigkeit
(Die folgenden Angaben gelten nur für *Paphiopedilum).* Die verbreitete Meinung, dass Frauenschuhe mit marmorierten Blättern warme Standorte bevorzugen und die rein grünen, meist schmalblätterigen Sorten lieber kühl stehen, trifft bei Kreuzungen nicht immer zu, kann aber als Faustregel dienen.
Tatsächlich brauchen die marmorierten Arten und Hybriden durchgängig warme Bedingungen, im Sommer 20–25 °C, im Winter 17–22 °C. Die rein grünlaubigen Arten mit schmalen Blättern mögen es eher temperiert, im Sommer am Tag 20–22 °C, nachts 19–17 °C, und im Winter am Tag 18–20 °C und nachts 16–13 °C. Die Absenkung der Temperatur ist dabei nach Abschluss des Wachstums für die Blütenbildung wichtig.
Des Weiteren gibt es mehrblütige Arten für warm-temperierte Bedingungen: im Sommer 20–23 °C, im Winter 18–22 °C. Dazu kommen (wohl die Mehrzahl) die meist großblütigen Züchtungen mit rein grünen breiten Blättern. Sie sind für die normalen Wohnungsverhältnisse bestens geeignet und fühlen sich im Sommer bei 18–25 °C, im Winter bei 16–20 °C wohl. Auch in puncto Licht unterscheiden sich die Ansprüche: Gefleckt laubige und mehrblütige Arten stehen lieber hell, aber immer ohne direkte Sonne (halbschattig), grünblättrige Arten sogar schattig, sind also auch für ein Nordfenster geeignet. Alle Arten bevorzugen hohe Luftfeuchtigkeit, die im Zimmer ohne Fensterschalen nicht möglich ist: Unter 50 % sollte die Luftfeuchte niemals sinken, mehr ist besser.

► Eine relativ kleine Frauenschuhpflanze, deutlich erkennbar der neue Trieb im Zentrum der Pflanze. Nur er bringt die neue Blüte.

Ruhezeit
Eine Absenkung der Temperatur, vor allem in der Nacht, ist nach Abschluss des Wachstums nur bei den immer warm gehaltenen Sorten für die Blütenbildung wichtig. Die anderen kennen keine echte Ruhephase.

Wie soll man gießen?
Das Erfolgsrezept ist relativ einfach: Viel Wasser, aber richtig angeboten, und das Substrat immer wieder abtrocknen lassen, ohne dass es vollständig austrocknet. In der lichtarmen Zeit muss man noch vorsichtiger gießen, da Frauenschuhe bei Staunässe leicht von Pilzen (Blattflecken, Fäulnis) befallen werden. Es darf kein Wasser in den Blattachseln und im Zentrum stehen bleiben, auch nicht beim Besprühen, das im Übrigen nur an sehr warmen Tagen mit niedriger Luftfeuchtigkeit nötig ist. Um Versalzung im Substrat zu verhindern, spült man die Töpfe hin und wieder mit reinem Wasser durch.

Lüften
Starke Luftzirkulation ist bei der erforderlichen hohen Luftfeuchtigkeit der beste Schutz vor Bakterien und Pilzen. Die Orchideen aber immer vor kalter Luft schützen. Am Zimmerfenster reicht dazu eine vor den Pflanzen aufgespannte Folie.

TIPP Ein etwas anderer Frauenschuh

***Phragmipedium* Don Wimber (= *Phragmipedium* Eric Young × *P. besseae*) hat Vorfahren aus Mittel- und Südamerika. Es sind meist große Pflanzen, und bis auf *Phragmipedium besseae* sind ihre Blüten ausgesprochen lange haltbar: Die Blühzeit beträgt 3 bis 4 Monate, bei manchen sogar bis 11 Monate, wobei sich die Blüten nacheinander öffnen. Sie leben terrestrisch in einer sehr feuchten, luftigen Umgebung. Entsprechend muss auch die Kultur sein: temperiert bis mäßig warm, am Tag 16– 28 °C, nachts auf 15–20 °C abfallend. Lediglich *Phragmipedium besseae* und ihre Hybriden vertragen keine zu hohen Temperaturen und gedeihen auch noch am Nordfenster. Diese besonders schöne Art besitzt auffallende, kräftig rote samtige Blüten (eine neue Farbe beim Frauenschuh). Besonders die Nachkommen lassen sich leicht kultivieren. Das Substrat darf nie austrocknen, und auch die Luftfeuchtigkeit muss recht hoch sein, optimal bei 60 bis 80 % – Blattunterseiten und Substratoberfläche täglich mehrfach übersprühen. Da sie keine Ruhezeit haben, ist auch der Nährstoffbedarf ganzjährig, und man muss, natürlich an das Wachstum angepasst, bei jeder 3. Gießgabe einen Orchideendünger anwenden. Neben Pilzen ⑥–⑧ auf Schildläuse achten ㉘ (siehe Seite 135ff.).**

Düngen

Angaben zur Düngung von Frauenschuhen reichen von »niemals« bis zu »bei jedem Gießen«. Man weiß, dass Frauenschuhe außerordentlich empfindlich auf Salzrückstände im Substrat reagieren, besonders dann, wenn sie zudem trocken werden. Die Salze schädigen die Wurzelhaare unmittelbar. Doch ohne Düngung geht es auch nicht. Ein Teil der Nährstoffe kann aus dem Substrat kommen, z. B. Buchenlaub; außerdem liefert die Rinde Nährstoffe. Wichtig ist auch die Unterscheidung, ob man eine kleine Art oder eine große Hybride zu versorgen hat. Riesige Blüten oder mehrblütige Rispen kann man nicht ohne Dünger erhalten. Düngt man nicht das ganze Jahr, sollte man die Düngergaben im Wachstum bei jedem 3. Gießen ansetzen. Für Hybriden verwendet man die vom Hersteller angegebene Dosierung, für Naturformen und kleine Pflanzen noch einmal um die Hälfte reduziert.

Umtopfen & Substrat

Natürlich kann man auch Frauenschuhe vegetativ vermehren, aber eigentlich nicht teilen. Dies gelingt nur dann, wenn sie quasi von selbst auseinander fallen (also nicht reißen, schneiden oder brechen). Dabei ist es wichtig, den richtigen Zeitpunkt nicht zu verpassen. *Paphiopedilum* bilden nämlich nur einmal in der Vegetationszeit neue Wurzeln, die sich mit dem Neutrieb zeigen. Wichtig ist eine Dränage im Topfboden. Für Frauenschuhe sollte feineres Substrat Anwendung finden (eventuell aus dem Substrat absieben). Bei Fertigerden kann man neben halb verrottetem Buchenlaub Sphagnum-Moos beimischen (auch getrocknet im Baumarkt als Pflanzmaterial für Hängegitterkörbe erhältlich). Zum Selbermischen verwendet man Substrat Typ C (siehe Seite 24).
Als Erstes wird der alte Pflanzstoff vollständig aus dem Substrat gelöst. Kranke, weiche oder faule Wurzeln unbedingt abschneiden (aber kein quetschender Schnitt). Besonders geeignet sind flache Kunststofftöpfe, natürlich mit Dränage. Die Topfgröße muss der Pflanze angemessen und sollte nicht zu groß sein. Man setzt die Pflanze in die Mitte des Gefäßes (Neutrieb = Pflanzhöhe). Der Pflanzstoff wird nicht festgedrückt, die Oberfläche möglichst mit Moos abgedeckt. Nach dem Umtopfen die ersten 5 Wochen nicht düngen.

Expertentipps

1 Tipps zum Kauf

Kaufen Sie keine Pflanzen mit schlaffen, stumpfen Blättern, auch eine nasse, verdichtete Oberfläche lässt nicht gerade auf gesunde Wurzeln schließen. Aufgeblühten Exemplaren kann man vorsichtig auf den Schuh fühlen; ist er fest, darf man noch mit einer längeren Blütezeit rechnen. Knospige Pflanzen vertragen die Umstellung in der Regel recht gut. Wählen Sie nur Exemplare, die mehrere Triebe im Topf haben. Ein alter und der Blütentrieb lassen nicht auf eine schnelle neue Blüte hoffen.

2

2 Mein Frauenschuh blüht einfach nicht!

Neben den bekannten Pflegefehlern – vor allem zu viel Wasser – liegt die Ursache häufig in der falschen Kulturtemperatur. Manche *Paphiopedilum*-Arten mögen es eben nicht heiß, und viele der Züchtungen erst recht nicht. Außerdem kann es bei den groß- und mehrblumigen Hybriden vorkommen, dass sie in 3 Jahren nur 2-mal blühen, also einfach eine sehr lange Entwicklungszeit haben. Zusätzlich werden im Handel Pflanzen angeboten, die, wie bei *Cymbidium,* aus Schnittblumenkulturen stammen, wo sie ausgepflanzt oder in sehr großen Containern wachsen. Nun aufgeteilt, können sie zwar noch einen Trieb und eine Blüte bringen, lassen sich dafür aber bis zur darauf folgenden Blüte mehr als ein Jahr Zeit. In solchen Fällen hilft einfach nur Geduld.

1

3 Ist ein Sommeraufenthalt im Freien möglich?

Die grünlaubigen, schmalblättrigen Sorten – aber nur diese! – kann man von Juni bis August nach draußen stellen; sie blühen dann besser. Allerdings muss man sie vor Sonne und Dauerregen schützen.

4

4 Problem Knospenfall

Wenn Frauenschuhe zu nass gehalten werden, bleiben die Blütenansätze in der Blütenscheide stecken. Leider ist dann die Jahresblüte verloren. Nur richtiges Gießen kann das verhindern.

5 Soll man Frauenschuhe mit anderen Zimmerpflanzen zusammen halten?

Im Zimmer können Blattpflanzen und Orchideen zu einer harmonischen Pflanzengemeinschaft werden. So eignen sich höhere Blattpflanzen dazu, dem Frauenschuh einen natürlichen Schatten zu geben. Weiche, große Blätter, wie z. B. von Blattbegonien, sorgen zudem für Luftfeuchtigkeit.

6

6 Was muss man im Gewächshaus beachten?

Die erfolgreiche Kultur von Frauenschuhen erfordert einiges an Fingerspitzengefühl. Zunächst muss man natürlich das richtige Gewächshaus für die entsprechende *Paphiopedilum*-Gruppe haben, also ein Warmhaus oder ein temperiertes Haus. Und dann muss man sich darüber im Klaren sein, dass die Bedingungen für *Paphiopedilum,* besonders für die reinen Arten, nicht zu anderen Orchideen passen. Bei Hybriden ist das natürlich anders. Neben hoher Luftfeuchtigkeit und dem Lichtangebot kommt es auch im Gewächshaus auf das Gießen an: nicht zu viel, und die Pflanzen auf Gittertische stellen, damit sie niemals nasse, kalte Füße bekommen.

7 Kann man Frauenschuhe aufbinden?

Da (fast) alle Arten terrestrisch wachsen, kommt ein Aufbinden nicht in Frage. Auf Ampel- und Schmucktöpfe braucht man freilich trotzdem nicht verzichten.

8

8 Ein Blatt sagt mehr als viele Worte
Blasse, gelbgrüne oder faltige und trockene Blätter sind meist die Folge von zu viel Licht. Werden ältere Blätter gelb, kann Stickstoffmangel, ein Wurzelschaden oder zu niedrige Temperatur der Anlass sein. Rötlich gefärbte Blätter (außer bei manchen marmorierten Sorten) deuten auf zu viel Licht – unbedingt schattieren!

9 Schadsymptome
Ein charakteristisches Hell-dunkelbraun-Muster an den Blattspitzen der gerade ausgewachsenen Blätter deutet auf Versalzung oder auf einen zu niedrigen pH-Wert (siehe unten). Leider neigen einige Sorten zu dieser Schädigung, dabei wachsen und blühen die Pflanzen ansonsten normal. Das totale Absterben der Blattspitzen beim Frauenschuh ist meist die Folge von Gießfehlern, entweder zu wenig oder zu viel Wasser.

10 Kalk macht munter
Dem Substrat der Frauenschuhe sollte (besonders bei den weißen Sorten) regelmäßig,

10

mindestens alle 12 Wochen, Kalk zugesetzt werden, am besten Muschelkalk oder kohlensaurer Kalk – nicht zu fein, weil Kalk in dieser Form sehr langsam wirkt. Für einen 12-cm-Topf nimmt man 1 Teelöffel Kalk. Diese Maßnahme ist allerdings nur bei Verwendung von weichem Wasser sinnvoll, sonst anpassen.

11 Schädlinge und Schadbilder*

Schon am Pflanzstoff kann man Schädigungen erkennen ①–③, dazu kommen Springschwänze ④ und Trauermücken ⑤, die auch im Zimmer immer mehr zum Problem werden. Hauptfeind sind jedoch Pilzkrankheiten und Bakterien ⑥–⑧. Die Ursache von Wurzelfäule bei *Paphiopedilum* ist nicht immer im Pflanzstoff zu suchen: Auch ein zu großer Topf, schlechte Dränage, zu häufiges und reichliches oder auch unzeitiges Gießen können Wurzelkrankheiten fördern. Lässt man nach jedem Gießen die Töpfe austrocknen, kommt ein Faulen der Wurzeln so leicht nicht vor. Häufig sind im Gewächshaus Schnecken ein Problem ㉚. Virenschäden ㊱ treten eher selten auf. Spinnmilben ⑮, ㉝ deuten auf zu niedrige Luftfeuchtigkeit. Woll- und Schildläuse ㉙, ㉘ verstecken sich gern in den Blattachseln, regelmäßige Kontrolle ist notwendig. Selten findet man an den Knospen auch Weichhautmilben ㉞; in diesem Fall ist unbedingt ein Fachmann zu konsultieren.

12 Möglichkeiten in Hydro und SERAMIS®

Nach *Phalaenopsis* sind Frauenschuhe wohl die beliebtesten Orchideen in Hydro- oder SERAMIS®-Kultur. Durch ihre terrestrische Lebensweise scheinen sie für die Substrate besonders gut geeignet. Da die Frauenschuhwurzeln in Hydro und SERAMIS® die typischen Wurzelhaare verlieren, ist die Umstellung zunächst heikel, und man darf nur wachsende Pflanzen mit neuen Trieben umsetzen. Bevor man diese Orchideen in SERAMIS® oder Blähton pflanzt, sollte man gut auswaschen. So werden feiner Staub und Abrieb aus dem Substrat entfernt und es bleibt lockerer, wenn es durchtrocknet. Anders als bei anderen Orchideen kann man bei *Paphiopedilum* das Substrat vollständig entfernen und die Pflanze in reines SERAMIS® setzen. Sind die Pflanzen einmal umgestellt, hat man gewöhnlich viel Freude. Den Wasserstand bei Hydrokultur nie über »Optimal« steigen und immer wieder vollständig abtrocknen lassen, bei SERAMIS® die Pflanzen ebenfalls ruhig trocken werden lassen. Die Restfeuchte im Substrat (Blähton bzw. SERAMIS®) ist immer noch über viele Tage ausreichend. Die Töpfe für SERAMIS® müssen genügend Abflusslöcher haben, damit das Gießwasser vollständig ablaufen kann. Wasser aus dem Übertopf natürlich entfernen.

---

* Die Ziffern im Kreis beziehen sich auf den Anhang Seite 135 ff.

12

Dendrobium

Dendrobium – die auf den Bäumen leben

▼ Eine reizvolle Kombination mit ***Dendrobium phalaenopsis*-Züchtungen.** Zur Kultur sind solche »Schmuckschalen« jedoch eher ungeeignet.

Dendrobium ist eine sehr große Gattung mit vielleicht 1600 Arten, von denen die meisten epiphytisch, einige wenige auch lithophytisch wachsen. Das Verbreitungsgebiet erstreckt sich von Indien über China, Südostasien und Indonesien bis Australien und Neuseeland. Von kleinen Arten mit nur winzigen Bulben bis zu solchen mit meterlangen Bulben lassen sich viele verschiedene Pflanzen in dieser Gattung finden. Bei dem großen Verbreitungsgebiet stammen sie natürlich auch aus verschiedenen Klimabereichen. Allerdings werden im Handel nur wenige Typen angeboten. Orchideengärtnereien offerieren eine größere Auswahl. Das Spektrum der Blütenformen reicht von der Traube bis zur Rispe und ist fast immer viel-, selten einblütig.

Traubenblütiges Dendrobium

In fast jedem Orchideenbuch findet sich ein Bild der »Spiegelei-Orchidee« *Dendrobium thyrsiflorum,* angeboten wird sie jedoch eher selten. Die Gruppe umfasst noch weitere Arten, viele aus dem eher kühl-warmen Bereich. *D. thyrsiflorum* wächst in Myanmar und Nordthailand unter Monsunklima. Dort unterscheidet man drei Perioden: die kühle Zeit (fast 5 Monate), die heiße Zeit (4 Monate, mit Spitzentemperaturen um die 40 °C) und die Regenzeit (4 Monate), die sich mit der heißen Zeit überschneidet. Etwa vier Fünftel der jährlichen Niederschläge fallen in der Regenzeit.

Die Temperatur sollte in der Wachstumsphase also sehr hoch sein, im Winter mag es die Orchidee sonnig, kühl (bis 12 °C) und trocken. Erst mit den Knospen im März gibt man langsam mehr Wärme. Während des Wachstums, das erst im späten Sommer beginnt, muss dann kräftig gegossen (und auch gedüngt) werden. Bei Triebabschluss kalibetont düngen, in der Ruhezeit dann nicht mehr. Die Wachstumszeit ist eher kurz, aber die Triebe wachsen extrem schnell.

▲ Das Sortenspektrum der typischen warm wachsenden **Dendrobium-Hybriden** ist sehr groß, jedoch lassen sich alle unter Beachtung der richtigen Kulturbedingungen leicht pflegen.

◄ ***Dendrobium* 'Stardust'**, eine *Dendrobium nobile*-Hybride mit eigentlich »kühlen« Vorfahren, jedoch erstaunlich anpassungsfähig.

Die richtige Pflege

► ***Dendrobium nobile*-Hybriden** werden zwar kühl kultiviert, ihre Blütenfarben sind aber meist eher bei den warmen Tönen zu finden, bis auf strahlendes Weiß.

Temperatur, Licht & Luftfeuchtigkeit

Grob gesagt kann man *Dendrobium*, was die Pflege angeht, in zwei Hauptgruppen einteilen (davon abweichende Bedingungen in der Literatur nachlesen oder über das Internet in Erfahrung bringen). Die erste Gruppe verlangt kühle Temperaturen mit viel Licht, was in manchen Wohnungen sicher eher schwierig ist. Die zweite Gruppe gedeiht bei Wärme; sie mag es ebenfalls hell, aber mit hoher Luftfeuchtigkeit. Beide vertragen von April bis August keine direkte Mittagssonne, also unbedingt schattieren. (Rotfärbung der Blätter ist ein Hinweis auf zu viel Licht, kann aber auch die Folge einer Wurzelschädigung sein.) Im Herbst und Winter stellt man sie so hell wie möglich, das fördert den Blütenansatz.

Die »Kühlen« bevorzugen von Frühjahr bis Herbst tagsüber 20–25 °C, im Winter – meist ist das die Ruhezeit – ca. 14 °C. Nachts ist eine Abkühlung um noch einmal bis zu ca. 5 °C erwünscht, es kann sogar bis an die Frostgrenze gehen. Viele der »kühlen« *Dendrobium* werfen am Ende der Vegetationsperiode die Blätter ab.

► Bei ***Dendrobium* De Hinchey** sind die typische Form und Farbe von *Dendrobium phalaenopsis* noch gut erkennbar. Der Name führt manchmal zur Verwechslung mit den Falterorchideen (*Phalaenopsis*), die hiermit aber nichts zu tun haben.

Die kühle Überwinterung setzt sparsame Wassergaben voraus (höchstens einmal sprühen, nicht gießen!). Bei zu warmer Überwinterung werden oft in der kommenden Vegetationsperiode keine Blüten gebildet. Die »Warmen« mögen 25 °C, und das ganzjährig, in der Nacht nur geringfügig darunter.

Hohe Luftfeuchtigkeit ist für beide notwendig, wobei die warm wachsenden noch mehr darauf angewiesen sind.

Wie soll man gießen?

Während der Wachstumszeit sollte man reichlich gießen, zwischendurch muss der Pflanzstoff aber immer wieder abtrocknen, da sonst die Wurzeln faulen. Die Wachstumszeit beginnt mit verstärkter Wurzelbildung. An warmen, sonnigen Tagen morgens zusätzlich sprühen. Im Winter und/oder während der Ruhezeit wird nur gerade so viel gegossen, dass der Pflanzstoff nicht völlig austrocknet.

Bei den kühlen *Dendrobium*, meist Kreuzungen der *Dendrobium-nobile*-Gruppe, verläuft die Ruhezeit fast ohne Gießen mit nur gelegentlichem Sprühen. Diese Pflanzen benötigen quasi einen »Schock«, um Blüten anzusetzen: eine starke

Antilopen-Dendrobium

Hierbei handelt es sich um Pflanzen mit teilweise nach oben gedrehten Blütenblättern (Petalen), die an Antilopenhörner erinnern. Bekannte Vertreter sind die aus Papua-Neuguinea stammenden *Dendrobium antennatum, D. canaliculatum, D. stratiotes* und *D. lineale.* Zwar kann man auch diese im Zimmer kultivieren, einfacher aber tut man sich mit Züchtungen aus diesen Arten. Alle benötigen tropisch-warmes Klima. Bei 18–25 °C fühlen sie sich richtig wohl und brauchen eigentlich keine Ruhephase.

Temperaturabsenkung oder/und eine ausgeprägte Trockenheit über mehrere Wochen. Vor allem die modernen, meist aus Japan stammenden Yamamoto-Hybriden – sie sind an relativ dicklichen Bulben zu erkennen, während die Bulben der *Dendrobium nobile* und ihrer direkten Nachfahren eher schlank sind – begnügen sich mit einer Trockenperiode, ohne dass die Temperatur sehr weit absinken muss.
Bei den warm wachsenden *(Dendrobium phalaenopsis* und Kreuzungen) genügt eine vorübergehende Absenkung der Temperatur um ca. 5 °C (in ganz hartnäckigen Fällen Absenkung und Trockenheit einsetzen). Allerdings darf die Ruhephase immer erst nach Abschluss und Reifung der Bulben eingeleitet werden. Zeigen sich Knospen, muss die Temperatur angehoben und die Wassergabe erhöht werden.

Lüften

Frischluft und Luftbewegung sind wichtig. Doch während die kühl wachsenden Formen dabei in allen Entwicklungsstadien unempfindlich sind, kann bei den »warmen« Dendrobien kalte oder gar Zugluft zum Abstoßen der Knospen führen.

Düngen

Fast alle Dendrobien (Ausnahme sind die botanischen Arten) werden während der Wachstumsphase mindestens einmal pro Woche mit einem Orchideendünger gegossen, danach bei jeder 3. Gießgabe. Zwischendurch kann auch eine um die Hälfte verringerte Dosierung des Düngers mit einem Zerstäuber auf, besser noch unter die Blätter und Luftwurzeln gesprüht werden.

Umtopfen / Substrat

Wenn der Topf zu klein wird und Neutriebe und Wurzeln aus dem Gefäß wachsen – bei gutem Wachstum ist das ca. alle 2 Jahre der Fall –, wird umgetopft. Den Neutrieb erkennt man zuerst an der verstärkten Wurzelaktivität. Alle Dendrobien lieben kleine Töpfe und werden darin auch meist angeboten, deshalb hat man es auch nur selten mit kranken Wurzeln zu tun. Beim Umtopfen muss man deshalb freilich meist auch gesunde Wurzeln kürzen, die im neuen Topf keinen Platz finden würden. Mit einer scharfen Schere gelingt das problemlos. Im neuen Gefäß sollten 2 Neutriebe Platz finden. Da *Dendrobium* eher kurze Rhizome haben, ist der neue Topf nicht wesentlich größer als der alte.
Weil der Topf durch lange Bulben instabil werden kann, empfiehlt sich bei *Dendrobium* eine Dränage aus Kieselsteinen statt aus Styropor. Auch Blähton und SERAMIS® sind geeignet, nur muss man dann beim Gießen daran denken, dass immer ein kleiner zusätzlicher Wasservorrat vorhanden ist. Ebenfalls zur Sicherung der Stabilität können die Bulben mit weichem Bast oder Bindedraht zusammengebunden werden. Wem der hochgebundene Topf nicht gefällt, kann für *Dendrobium* entweder Ampeltöpfe oder Körbchen verwenden und sie »hängen lassen«. Der Pflanzstoff muss strukturstabil sein (beim Selbermischen Typ A verwenden, siehe Seite 24.)

▼ Bei den so genannten ***Dendrobium* Emma-Sorten** sind grüngelbe und gelbe Farben vorherrschend, immer mit besonders kontrastreicher Lippe. Sie gehören zu den warm wachsenden Typen.

Expertentipps

1 Tipps zum Kauf

Neben einem guten Allgemeinzustand sollte man vor allem bei den *D. phalaenopsis*-Hybriden 1a nur Pflanzen kaufen, die nicht zu knospig sind. Exemplare, die in einer Folientüte angeboten werden, können später leicht Schädigungen durch *Botrytis* (25) aufweisen. Bei »Schnäppchen«-Angeboten ist Enttäuschung vorprogrammiert. Durch die lange Blütezeit sind Pflegefehler verbreitet, die man jedoch an leicht rötlichen Blättern erkennen kann; diese deuten auf Wurzelschädigungen. Bei den »kühlen Typen« gibt es wenig Umstellungsprobleme. Besser kauft man aber auch sie möglichst weit angeblüht.

1a

2

2 Blütezeit verlängern

Die Blütezeit der warmer Dendrobien kann man »künstlich« verlängern, indem man die Pflanzen kühler stellt (jedoch nie kälter als ca. 16 °C), allerdings erst, wenn sie voll erblüht sind.

3 Problem Knospenfall

Bei Dendrobie, besonders bei den Hybriden der *Dendrobium-phalaenopsis*-Gruppe, kann es zum Knospenfall kommen. Ursachen sind wie bei den Falterorchideen beschrieben, allerdings ohne Chance auf eine neue Blüte am alten Trieb. Die Knospen der »Kühlen« sind eher unempfindlich, das Abfallen ist bei ihnen in erster Linie die Folge von zu viel Wasser. Traubenblütige *Dendrobium* können manchmal an alten Trieben noch eine Zusatzblüte entwickeln, nachdem sie zuvor, aus welchem Grund auch immer, die Blüte verweigert hatten.

4 Kindel bei *Dedrobium*

Viele *Dendrobium* entwickeln Kindel. Insbesondere wenn sie ohne Ruhezeit kultiviert werden, aber auch als Folge von gravierenden Gießfehlern und/oder Wurzelschäden und niedriger Temperatur treiben Dendrobien häufig Kindel statt Blüten. Wie bei den Falterorchideen braucht man zunächst nur Geduld. Erst wenn sich Wurzeln und Blätter entwickelt haben, wird getopft. Auch *Dendrobium*-Kindel kommen in sehr kleine Töpfe und in eine feine Substatmischung (Typ B, siehe Seite 24; man kann auch die feineren Bestandteile aus einer Fertigerde verwenden). Besser ein sehr kleiner Topf ohne Dränage als ein größerer mit Dränage.

5 Mein *Dendrobium* blüht einfach nicht!

Bei den kühl wachsenden Dendrobien ist zu viel Wärme – in der Ruhezeit – die häufigste Ursache für das Ausbleiben der Blüten. Bei den warmen Typen kann ebenfalls eine fehlende (geringere) Temperaturabsenkung schuld sein; häufiger jedoch reifen die Triebe einfach

3

4

nicht genug: Ein (Not-)Trieb, immer kleiner als sein Vorgänger, löst den anderen ab. Nur kräftige Jahrestriebe entwickeln jedoch Blüten. Also auf die richtigen Kulturbedingungen achten. Bei der Zimmerkultur mit eher niedriger Luftfeuchte gibt es zudem ein physiologisches Problem, verursacht durch zu wenig Licht in Verbindung mit zu hoher Nachttemperatur. Die nächtliche Respiration (Atmung) verbraucht dann zu viel Energie, die am Tag wegen verminderter Assimilationsleistung nicht wieder aufgebaut werden kann.

6 Soll man *Dendrobium* mit anderen Zimmerpflanzen zusammen halten?

Dendrobium lassen sich sehr gut mit anderen Zimmerpflanzen zusammen kultivieren. Für kühl wachsende Sorten bieten sich Kakteen und Sukkulenten, für die warm wachsenden vielleicht Begonien und *Ficus repens* an, der kriechende Gummibaum.

7 Ist ein Sommeraufenthalt im Freien möglich?

Möglich ja, aber nur bei den kühlen und temperierten Arten und Züchtungen. Zunächst einen halb schattigen Platz wählen, später können die Orchideen dann ans Licht gewöhnt und in voller Sonne kultiviert werden. Immer vor Dauerregen schützen. Alle warm wachsenden Sorten bleiben im Zimmer oder im Gewächshaus.

8 Was muss man im Gewächshaus beachten?

Braune Flecken an den Blüten können auf *Botrytis*-Infektionen (Grauschimmel) hinweisen. Ursache sind dann zu hohe Luftfeuchte und zu geringe Luftbewegung. *Botrytis* tritt im Gewächshaus meist im Winter auf, wenn nicht oft gelüftet werden kann.
Besonders die kühl wachsenden *Dendrobium* lassen sich sehr gut im Gewächshaus halten, da man ihnen hier optimale Bedingungen bieten kann. Das trifft auch auf die vielen Zwergformen zu, die aus dieser Gattung stammen. Ein Beispiel ist die jetzt häufiger angebotene *Dendrobium kingianum* 8, von der es größere und kleiner Varianten gibt. Ihre Hauptblütezeit liegt zwischen März und Juni. Sie blüht in lockeren Trauben mit kleinen, nur etwa 1,5–2,5 cm großen cremeweißen bis purpurrosa Einzelblüten. Manche zeigen zusätzlich dunkle Adern. Schon nach wenigen Jahren sind an einer Pflanze 10 Neu- und damit später Blütentriebe auf einmal möglich. *D. kingianum* gilt als recht anspruchslos hinsichtlich Pflege, ist aber eine typische Kalthausorchidee und darf auch während der Blütezeit nicht zu warm gehalten werden. Bei Temperaturen zwischen 4 und 14 °C fühlt sie sich am wohlsten. Eine zu warme oder feuchte Überwinterung kann die Blüteninduktion unterdrücken.

8

9 Kann man *Dendrobium* aufbinden?

Dies ist nicht nur möglich, sondern bei den traubenblütigen Arten und ihren Züchtungen sogar sehr zu empfehlen. Auch die kleinwüchsigen Sorten lassen sich aufbinden. Für alle verwendet man wenig Substrat. Nicht geeignet zum Aufbinden in der Zimmerkultur ist die *Dendrobium phalaenopsis*-Gruppe. Hier würde die Luftfeuchtigkeit nicht ausreichen. Körbchen oder Ampeltöpfe, die ebenfalls eine natürliche Entfaltung ermöglichen, sind im Zimmer zu pflegen. Allerdings erfordert dies mehr Zeitaufwand durch häufigeres Sprühen.

10 Schädlinge und Schadbilder*

Fehler, die aus falscher Pflege resultieren, lassen sich häufig bereits am Substrat ①–⑤ erkennen. Leider ist auch bei den warmen *Dendrobium* das Abwerfen der etwa erbsengroßen Knospen nicht selten ㉔. Schon beim Transport in der Folientüte stellt sich leicht der Befall mit Botrytis ein ㉕. Selten sind Schild- und Wollläuse ㉘, ㉙, häufig jedoch Spinnmilben ⑮, ㉝.
Reicht die Wärme für *D. phalaenopsis* nicht aus, wachsen die Triebe im Winter nur kümmerlich. Stehen *D. nobile* zu warm, wachsen sie zu

9

TIPP Orchideen auf Hydrokultur umstellen

Grundsätzlich sollte man nur Orchideen mit Neutrieb umstellen. Zum Ausprobieren haben sich *Phalaenopsis* als besonders geeignet erwiesen. So geht man vor: Den Pflanzstoff vollständig entfernen und auswaschen. Beschädigte und abgestorbene Wurzeln abtrennen. Möglichst nicht in gesunde Wurzeln schneiden. Immer ein scharfes Messer oder Schere verwenden und Holzkohlenpuder bereit halten. Pflanze abtrocknen lassen, gewaschenen, abgetrockneten Blähton (8/16 Korngröße) in den Kulturtopf einfüllen. Kulturtopfhöhe: mindestens 12 cm. Nicht zu tief setzen, alte Wurzeln dürfen niemals bis ins Wasser reichen.
Wenig Wasser (maximal 0,5 cm) in den Übertopf füllen und den Kulturtopf einstellen. Wasser nicht einfach von oben auffüllen. Ein Verdunstungsschutz (Folie) unterstützt das Anwachsen der Pflanze.

schnell. In beiden Fällen kommt es leicht zu Pilz- und Bakterienschäden ⑥–⑧.

11 Möglichkeiten in Hydro und SERAMIS®

Die Erfahrungen mit beiden Kulturarten werden sehr unterschiedlich bewertet. In Hydrokultur lassen sich die Warmhaustypen jedenfalls leichter halten als die »kalten«. Bei SERAMIS® gilt es auf extrem guten Wasserabzug zu achten. Die Umstellung gelingt zunächst meist ohne Probleme. Da die Pflanzen immer wieder trocken werden müssen (kleine Töpfe), sind die Wasserstands- und Feuchteanzeiger keine große Hilfe. Die Pflanzen müssen vor jedem neuen Gießen wirklich trocken werden (besonders auf die Wurzel schauen). Tritt Fäulnis auf, am besten wieder in Substrat und kleine Gefäße umsetzen. Containertöpfe, wie sie im Handel üblich sind, weder in SERAMIS® noch in Erdkultur verwenden. Baldmöglichst umsetzen, aber immer nur mit einem Neutrieb.

11

* Die Ziffern im Kreis beziehen sich auf den Anhang Seite 135 ff.

Vanda

Vanda, Ascocentrum & Co.

Wer diese Orchidee einmal gesehen hat, wird sie nicht so schnell vergessen, denn die *Vanda* ist eine ausgesprochen exklusive Pflanze. Und weil diese herrlichen Orchideen nur sehr langsam wachsen, werden sie wohl auch immer recht exklusiv bleiben. Blaue (blauviolette) Vandeen werden am häufigsten kultiviert. Meist findet man ein strahlendes, kräftiges Blau, das trotzdem filigran, ja fast durchsichtig wirkt. Es gibt Vandeen jedoch auch in Weiß, Gelb, Rosa und Purpur. Bemerkenswert ist die lange Haltbarkeit der Blüte (übrigens auch geschnitten).
Die *Vanda* ist das nationale Blütensymbol von Singapur. Ihre Heimat liegt im tropischen Thailand, im subtropischen Nepal, in Burma, Südchina, Borneo und auf den benachbarten Inseln. Obendrein trifft man sie im Himalaja auf über 2500 m an.

Vanda-Orchideen sind nicht ganz einfach zu pflegen und erfordern viel Aufmerksamkeit. Bei guter Pflege bilden sie jedoch zwei Mal im Jahr Blütentriebe aus. Die Blüten sind langlebig und halten 6 Wochen oder mehr. Pflanzen der Gattung × *Ascocenda* (= *Ascocentrum* × *Vanda*) sind etwas leichter zu pflegen, weil die meisten Sorten besonders wuchs- und blühfreudig sind.

▲ ***Vanda* Mdm. Rafflaus × Pinpinol × Gordon Dillon,** eine Kreuzung mit mehreren Beteiligten. Wie alle Vandeen lässt auch sie sich am besten im Holzkörbchen kultivieren.

◄ Da Holzkörbe bei Vanda häufig wenig Substrat haben, kann man sie mit anderen Epiphyten – wie hier Tillandsien – dekorativ ergänzen.

◄ Wieder eine × *Ascocenda*-Hybride (× ***Ascocenda* Udomchai** × ***Vanda* Bangkapi Gold**). Von diesen Pflanzen werden alle Farben angeboten, ob Weiß, Blau, Rosa oder Lila und eben auch verschiedene Gelbtöne.

◄ Eine × ***Ascocenda,*** in der noch die Naturform der Elternart *Ascocentrum miniatum* zu erkennen ist. Gegenüber dieser trägt sie etwas kleinere, aber viele Blüten, auch verzweigte Rispen sind möglich. Die Kultur ist eigentlich nicht schwierig.

◄ Eine *Vanda*-Hybride, diesmal eine **Kreuzung mit *Vanda* Kultana Gold.** Die Firma »Kultana Orchids« aus Thailand gehört zu den größten Exporteuren von Vandeen und anderen Hybriden nach Europa und in die USA Tipps zur Kultur (auf Englisch) erhält man auch unter www.orchid.in.th.

Die richtige Pflege

Temperatur, Licht & Luftfeuchtigkeit

Die verschiedenen Klimazonen, aus denen diese Gruppe stammt, erfordern auch unterschiedliche Kulturbedingungen. Für kühle Gewächshäuser und Wintergärten sind am ehesten Hybriden von *Vanda coerulea* (blau) und *Vanda*/*Ascocentrum*-Hybriden (× *Ascocenda*) geeignet. Diese gedeihen auch in einem kühlen, aber hellen Zimmer, im Winter braucht man dann auch nur selten sprühen. Erst mit zunehmender Tageslänge beginnen die Wurzeln wieder zu wachsen – dann wird mehr gesprüht, gedüngt, und auch die Temperaturen können steigen. Im Winter braucht diese Gruppe mindestens 13–15 °C, im Sommer bis 30 °C.
Die »warmen Sorten« benötigen hohe Luftfeuchtigkeit. Gut sind Fensterschalen, Glasvasen oder Aquarien als »Hilfsgewächshaus«.
Allgemein ist die Kultur im Zimmer nicht einfach. Es erhöht den Erfolg, wenn man die Pflanze in ein Gefäß hängen kann. Zumindest das Problem Luftfeuchtigkeit ist dann fast gelöst, wenn man am Gefäßboden eine Schicht aus Blähton oder SERAMIS® mit Wasser auffüllt.
Alle Sorten bevorzugen es möglichst hell, aber ohne direkte Sonne (Süd- und Südwestfenster also unbedingt schattieren). Die warm wachsenden – dazu zählen vor allem die im Handel angebotenen großblütigen Kreuzungen – bleiben ganzjährig im Haus bei mindestens 20 °C. Auch nachts darf die Temperatur nicht weit darunter absinken.

◄ Eine große Glasvase bietet die ideale Umgebung für die empfindlichen Wurzeln der *Vanda* und aller vergleichbaren Kreuzungen. Der Wasservorrat am Boden sorgt stets für die nötige Luftfeuchtigkeit.

TIPP **Die Anzucht bzw. Kultur der Vandeen ist auch in europäischen Gärtnereien erfolgreich. Solche Pflanzen sind dann meist »robuster« als direkte Importe. Übrigens: Auch Vandeen bilden Kindel, meist am Grund der Pflanze. Ein Kindel kann entfernt werden, wenn seine Wurzeln etwa 8 bis 10 cm lang sind. Dies erfordert noch mehr Sorgfalt als bei anderen Orchideen, damit die Mutterpflanze nicht beschädigt wird. Wie immer sollte man scharfe, sterile (z. B. zuvor in einer Flamme sterilisieren) Werkzeuge verwenden und die Schnittstelle mit Holzkohlepuder abdecken.**

Gießen ohne Substrat

Vanda werden oft im Holzkorb mit wenig Pflanzstoff angeboten, nur manchmal gibt es ein paar Holzkohle- oder Kokosstückchen. Wie kann man sie trotzdem ausreichend gießen? Wichtig ist vor allem häufiges Sprühen. Zusätzlich werden die Pflanzen ganz (samt Gefäß/Korb und Wurzeln) mindestens einmal in der Woche in Wasser getaucht. Dieses muss warm sein, und man sollte sehr vorsichtig vorgehen, damit die Wurzeln nicht brechen. Gleichzeitig heißt es aufpassen, dass kein Wasser in den Blattachseln verbleibt, sonst faulen die Pflanzen.
Kann oder will man Vandeen nicht tauchen, gibt es eine einfache Alternative: Man versorgt – immer im Wechsel – einige Wurzeln direkt über Wasserröhrchen, wie sie zum Transport der Schnittorchideen üblich sind. Nach jeweils etwa 3 Wochen kommen andere Wurzeln an die Reihe. Die Wurzeln müssen zwischendurch nämlich abtrocknen und wieder ihre »Luftwurzelfunktion« wahrnehmen, da sie sonst faulen. Obwohl *Vanda* keine Bulben und somit auch keine ausgeprägte Ruhezeit haben, schränkt man das Gießen im Winter deutlich ein. Diese Orchideen (zumindest die angebotenen warmen Hybriden) wachsen eigentlich ganzjährig; trotzdem sollte man zur Blütenbildung die Temperatur in der Nacht um mindestens 5 °C absenken.

Lüften

Luftbewegung ohne Zugluft ist Voraussetzung für den Erfolg in der Kultur. Kalte Luft an undichten Fenstern oder im Gewächshaus verursacht Wachstumsstörungen.

Düngen

Gedüngt wird grundsätzlich mäßig, am besten bei jedem Gießen in schwacher Konzentration (auch Orchideendünger noch einmal um die Hälfte der vom Hersteller empfohlenen Menge reduzieren). Gut geeignet für *Vanda* sind »organische« Flüssigdünger, wie sie im Handel angeboten werden. Auch Eigenmischungen mit Jauchen haben sich bewährt. Während der Blütenentwicklung darf etwas stärker gedüngt werden.

Umtopfen & Substrat

Umtopfen ist eher selten angesagt. Nur wenn unbedingt nötig, werden diese Orchideen in einen neuen (Holz-)Korb gepflanzt, denn die dicken, meist sehr langen Luftwurzeln sind kaum in normalen Topfgefäßen unterzubringen. Dabei kann man den »alten« Korb ruhig einfach mit in das neue Gefäß setzen. Verwenden Sie nur grobe Pflanzstoffbestandteile: Rinden-, Kork-, Holzkohle- oder Kokosstücke. Ebenfalls geeignet ist eine Mischung aus Kiefernrinde, Torf und Styroporflocken mit einem Zusatz von Holzkohlestücken. Überwachsende Luftwurzeln auf keinen Fall abschneiden, sondern vorsichtig integrieren oder am Gefäß vorbeiführen.

▼ Über solche Schnittblumenröhrchen kann man die *Vanda*-Wurzeln zeitweise gezielt ernähren. Dabei aber immer nur etwa 10% der gesunden Wurzeln über Röhrchen versorgen.

Expertentipps

1 Tipps zum Kauf

Lassen Sie sich nicht durch die schönen Blüten verführen: Kaufen Sie diese Orchidee nur, wenn Sie wirklich bereit sind, den Mehraufwand für die Pflege aufzubringen. Bei der Auswahl ist es wichtig, auf gesunde Wurzeln zu achten. Und nicht zu knospig sollte die Pflanze sein, obwohl die Blüten schon einiges vertragen. Schauen Sie auch nach Schädlingen, denn Schildläuse sind weit verbreitet.

3

2 Meine *Vanda* blüht einfach nicht!

Wenn Vandeen oder *Ascocentrum* keine Blüten entwickeln, ist in der Regel der schlechte Allgemeinzustand der Pflanzen verantwortlich. Hier hilft nur eine Veränderung der Kulturbedingungen. Bei kräftigen Pflanzen, die nicht blühen wollen, kann die Absenkung der Temperatur um ca. 5 °C zum Erfolg führen.

3 Soll man *Vanda* mit anderen Zimmerpflanzen zusammen halten?

Vandeen sind schon ein wenig »eigen« und verlangen auch ihre »eigene« Umgebung (Glasgefäß). Eine Nachbarschaft mit Zimmerpflanzen reicht für die notwendige Luftfeuchtigkeit nicht aus.

4 Ist ein Sommeraufenthalt im Freien möglich?

Sinnvoll ist eine »Sommerfrische« nur für die aus kühleren Gebieten stammenden Arten. Sie müssen langsam an das Licht gewöhnt werden, vertragen aber schließlich sogar pralle Sonne. Vor Dauerregen und nasskalter Witterung brauchen sie Schutz, und man muss sie auch rechtzeitig im September wieder einräumen.

5 Was muss man im Gewächshaus beachten?

Bietet das Gewächshaus die richtige Temperatur (Warmhaus oder temperiertes Haus, je nach Art oder Sorte), ist die Pflege hier natürlich viel einfacher. Licht und Luftfeuchtigkeit bereiten kaum Probleme. Wenn nicht gelüftet werden kann, ist »künstliche« Luftbewegung wichtig. Schattierung wird meist erst ab Mai notwendig und sollte rechtzeitig wieder ent-

2

fernt werden, denn Licht ist Kulturfaktor Nummer eins für diese Gruppe.
Vanda coerulea und ihre Hybriden brauchen eine kühle, trockene Ruhezeit im Winter. Sie beginnt, wenn die Wurzelspitzen und der Trieb ihr Wachstum einstellen. Diese Pflanzen benötigen auch nicht so viel Licht wie andere Vandeen aus den feuchtheißen Tropen.

6 Kann man *Vanda* aufbinden?

Selbstverständlich kann man Vandeen auch an ein Holzstück oder an Korkeichenrinde montieren. Für den langen Stamm sollte man ein längliches, eher schmales Stück verwenden und die Pflanze mehrfach daran mit weichem Bindematerial (Nylonstrumpf) fixieren. Es ist kein oder wenig Pflanzstoff notwendig, besser eignet sich Moos.

7 Kopfstecklinge

Oft ist bei *Vanda* die Bildung von Wurzeln im oberen Drittel der Pflanze zu beobachten. Zusätzlich lässt sich die Wurzelbildung durch das Anbringen von Moos fördern, das immer feucht gehalten werden muss. Sind schließlich genügend Wurzeln vorhanden, wird der Kopfsteckling von der Mutterpflanze getrennt und kann allein weiterwachsen (aufbinden oder in einen Korb pflanzen).

8 Schädlinge und Schadbilder*

Der häufigste (eigentlich vermeidbare) Fehler ist mangelnde Luftfeuchtigkeit. Die Folge sind Schäden an Wurzeln, und letztlich vertrocknet dann die ganze Pflanze. Daneben muss man auf Schild- und Wollläuse (28), (29) sowie Spinnmilben (15), (33) achten. Leider kommt es nicht selten zum Abwerfen der etwa erbsengroßen Knospen; daran sind allerdings häufig mehrere Ursachen schuld (24). Bei Transport in einer Folientüte stellt sich manchmal Befall mit Botrytis an den Blüten ein (25), wobei der Schaden erst zu Hause sichtbar wird.

9 Möglichkeiten in Hydro und SERAMIS®

Diese Orchideen sollte man besser nicht in Hydro oder gar SERAMIS® kultivieren. Allerdings kann man beobachten, dass Wurzeln von Vandeen in die Blähton- oder SERAMIS®-Schicht des Gefäßes (Glasvase, Aquarium) einwachsen und dort auch weiter wachsen.

* Die Ziffern im Kreis beziehen sich auf den Anhang Seite 135 ff.

6

Zygopetalum

Zygopetalum – die Duftorchidee

Diese Orchideen sind in Südamerika beheimatet, wo es etwa 40 Arten gibt. Bei den im Handel angebotenen Sorten ist die blaue Farbe in der Blüte besonders reizvoll, dazu kommt ein starker, an Hyazinthen erinnernder Duft. Alle *Zygopetalum* wachsen ursprünglich epiphytisch.

► ***Zygopetalum* Louisendorf** (= *Z. fabiosum* × *Z.* Artur Elle), eine schöne neuere Hybride aus Deutschland.

▼ Aus Brasilien stammen die Vorfahren dieser Hybride. Deutlich erkennt man noch den Anteil von ***Zygopetalum intermedium.***

▲ ***Zygopetalum* Artur Elle 'Bright and Blue'**, eine Selektion der wohl ersten erfolgreichen Topfpflanze dieser Gattung.

Die richtige Pflege

Temperatur, Licht & Luftfeuchtigkeit
Zygopetalum mögen es immer besonders hell, müssen bei starker Sonne allerdings leicht beschattet werden. Ein hellgrünes, eher gelbliches Blatt zeigt zu viel Licht an, ein dunkelgrünes Blatt zu wenig. Die Arten und alle Züchtungen wachsen bei temperierten oder eher kühltemperierten Bedingungen, sind aber anpassungsfähig. Im Sommer liegt die Spannweite zwischen 12 und 28 °C, im Winter zwischen 12 und 18 °C. Bei zu hohen Temperaturen im Sommer kann es passieren, dass die Neutriebe ihr Wachstum plötzlich einstellen. Sie wachsen aber weiter, sobald es wieder kühler wird. Meist im Frühjahr, noch bevor die neuen Triebe ausgewachsen sind, bilden sich Blüten, danach reifen die Bulben aus. Erst dann folgt eine kurze Ruhephase.

Wie soll man gießen?
Im Sommer muss der Pflanzstoff ständig feucht gehalten werden, und da *Zygopetalum* häufig auch im Winter noch wachsen, sollen sie eigentlich nie ganz austrocknen. Probleme mit Wurzelschäden sind eher selten, doch muss man Staunässe natürlich vermeiden.

Lüften
Viel Frischluft beugt Pilzkrankheiten vor, für die diese Gattung mit ihren relativ weichen Blättern recht anfällig ist. Im Gewächshaus einen Ventilator zur Luftbewegung einsetzen (Dauerläufer).

Düngen
Zygopetalum zählen zu den Orchideen mit relativ hohem Nährstoffbedarf. Düngen sollte man bei jeder 3. Gießgabe in der vom Hersteller angegebenen Dosierung. Zusätzlich empfiehlt es sich, mit Beginn des Wachstums einen Stickstoffdünger zu verwenden (am Markt sind Dünger mit 20 % N).

Umtopfen & Substrat
Da *Zygopetalum* sehr viele und »dicke« Wurzeln haben, brauchen sie große Gefäße. Auch bei dieser Gattung müssen 2 ausgewachsene Jahrestriebe (Bulben) im Gefäß Platz finden. Auf ausreichende Dränage achten. Am besten setzt man die Pflanze sehr früh mit dem noch kleinen Neutrieb um, sonst kann es sein, dass man die Blüte verhindert (beim Selbermischen Substrattyp C verwenden, siehe Seite 24).

▼ Pflanzen mit gesunden Wurzeln nur vorsichtig umsetzen. Auf keinen Fall den Ballen einfach in den neuen Topf bringen. Wurzeln lieber zurückschneiden. Scharfes Werkzeug verwenden.

Expertentipps

1 Tipps zum Kauf

Blattflecken sind bei dieser Gattung fast schon normal und sollten nicht vom Erwerb abhalten; allerdings dürfen es keine nassfaulen Flecke sein. Kaufen Sie diese Orchidee nur, wenn Sie ihr auch die richtigen Kulturbedingungen bieten können.

2 Mein *Zygopetalum* blüht einfach nicht!

Eigentlich kann man nur eine Ursache nennen: Die meist recht gut entwickelten Pflanzen werden zu warm gehalten. Abhilfe erfolgt durch Absenkung der Temperatur und eine gleichzeitig durchgeführte Ruhezeit.

1

3 Ist ein Sommeraufenthalt im Freien möglich?

Ein Aufenthalt an einem halbschattigen, geschützten Platz ist für Zimmerpflanzen von Juni bis September zu empfehlen. Ansonsten bleiben sie im Gewächshaus.

4 Was muss man im Gewächshaus beachten?

Im Gewächshaus sind keine besonderen Maßnahmen notwendig, allerdings sollte man die weichen Blätter und Blüten vor Schnecken schützen. Natürlich gehören diese Orchideen in den eher kühltemperierten Bereich.

5 Kann man *Zygopetalum* aufbinden?

Die dicken Wurzeln fühlen sich – zumindest bei Zimmerkultur – im Topf wohler, obwohl *Zygopetalum* eigentlich epiphytisch wachsen. Wenn aufgebunden wird, viel Pflanzstoff und Moos verwenden.

6 Was passiert, wenn man zu wenig düngt?

Wenn *Zygopetalum*-Pflanzen nicht optimal mit Nährstoffen versorgt werden – keine neuen Wurzeln, nicht umgetopft, nicht gedüngt, zu trocken gehalten –, entwickeln sie nur kleine Jahrestriebe. Solche »Nottriebe« bringen keine Blüten, sondern sterben meist sogar ab.

6

7

7 Schädlinge und Schadbilder*

Zygopetalum-Arten und -Hybriden neigen zu Pilzbefall ⑦, ⑧, meist erkennbar als schwarzbraune eingefallene Flecken auf den Blättern **7**. Frischluft und Luftbewegung können dem vorbeugen. Verzichten Sie vorsichtshalber auf ein direktes Besprühen der Blätter ab Mittag, an kühl-feuchten Tagen sogar ganz. Spinnmilben ⑮, ㉝ vermehren sich besonders bei niedriger Luftfeuchtigkeit; zu trockene Luft fördert auch die Gefahr eines Befalls mit Woll- und Schildläusen ㉙, ㉘. Manchmal hat man es auch mit Viren zu tun ㊱, dazu unbedingt einen Fachmann konsultieren.

8 Möglichkeiten in Hydro und SERAMIS®

Zygopetalum fühlen sich sowohl in Hydro als auch in SERAMIS® wohl. Die fleischigen Wurzeln müssen bei Umstellung auf Hydrokultur aber gut ausgespült werden, in SERAMIS® darf nicht zu viel Substrat anhaften. Bei beiden Kulturarten muss die Ruhezeit strikt eingehalten werden; die Restfeuchte im Substrat reicht jeweils noch für mehrere Wochen.

---

* Die Ziffern im Kreis beziehen sich auf den Anhang Seite 135 ff.

Epidendrum, Calanthe

und Phaius

Epidendrum

Der Gattungsname *Epidendrum* stammt aus dem Griechischen und bedeutet »auf Bäumen wachsend«. Mit *Epidendrum* verwandt ist **Encyclia.** Dieser Name, ebenfalls aus dem Griechischen, heißt so viel wie »Umklammerung« und bezieht sich auf die Art und Weise, wie Lippe und Säule der Blüte miteinander verwachsen sind. Beide Gattungen erreichen stattliche Größe. Allerdings sind im »normalen« Handel nur wenige Pflanzen erhältlich (deutlich mehr Auswahl hat man bei Orchideengärtnern); bei *Epidendrum* handelt es sich dabei vor allem um Züchtungen aus *Epidendrum radicans,* auch bekannt als *E. ibaguense*. Ein Züchtungsname hat sich für diese Gruppe als Bezeichnung durchgesetzt: **Ballerina-Orchideen.** Während die Art selbst sehr lange (bis über 1 m) Bulben besitzt, sind die Züchtungen recht kompakt; doch auch sie werden immer noch bis 60 cm hoch. Bekannt sind *Epidendrum* Ballerina Purple (violett), Snow (weiß), Tropical (gelb, mit einem Stich Orange), Fireball (rot/orange), Tiffany (rötlich) und Yellow (gelb). Diese Hybriden bilden Bulben mit lederartig glänzenden Blättern in 2 Reihen und blühen – viele Wochen lang! – an kompakten Trauben mit einem Stiel von maximal 40 cm.
Aus der Gattung *Encyclia* ist eigentlich nur *E. cochleata* im Handel, eine Naturform aus Südamerika, die auch als Topfpflanze mit einer ungewöhnlich langen Blütezeit erfreut. Übrigens zählte diese Art früher auch zur Gattung *Epidendrum;* in alten Orchideenbüchern findet man sie deshalb unter diesem Namen.

► ***Epidendrum* Ballerina Yellow** (links) und diese ebenfalls zu *Epidendrum radicans* zählende Art (rechts) zeigen die mögliche Vielfalt innerhalb dieser weit verbreiteten Art.

Duftorchideen

Nicht nur das hier abgebildete *Epidendrum* Green Hornet (= *E. lancifolium* × *E. cochleatum*), sondern viele Epidendren zählen zu den Duftorchideen. Solche Duftorchideen kann man mit der Nase in fast allen Gattungen finden. Im Handel sind dies derzeit *Oncidium ornithorhynchum* und dessen Hybriden, × *Miltonidium* 'Hawaiin Sunset', *Miltonia* in vielen Sorten, *Phalaenopsis* 'Liodoro' und weitere Sorten sowie alle *Zygopetalum*.

Die richtige Pflege

Temperatur, Licht & Luftfeuchtigkeit

Epidendrum und *Encyclia* sind für die normale Zimmertemperatur bestens geeignet und fühlen sich im Sommer bei tagsüber 18–25 C°, nachts um 15 C° wohl. Im Winter können es einige Grad weniger sein. Insgesamt sind beide Gattungen sehr anpassungsfähig und haben mittleren Lichtbedarf. Auch in puncto Luftfeuchtigkeit stellen sie keine hohen Ansprüche.

Wie soll man gießen?

Sofern man die Wachstums- und die sehr kurze Ruhephase beachtet, macht das Gießen eigentlich kaum Probleme. Diese Orchideen brauchen weniger Wasser, als man vermutet, sollen aber auch nicht völlig trocken werden.

Lüften

Da *Epidendrum* und *Encyclia* wirklich unempfindlich sind, ist reichlich Frischluft (auch noch bei Temperaturen von wenigen Grad über null) nur von Vorteil und kann Pilzerkrankungen vorbeugen.

Düngen

Bei Verwendung von Orchideendüngern sollte man bei jeder 3. Gießgabe Dünger geben. Gegen Ende der Wachstumsperiode zusätzlich einen Blütendünger einsetzen, die Dosierungsangaben des Herstellers jedoch mindestens um die Hälfte reduzieren.

Umtopfen & Substrat

Verwenden Sie für diese Gattungen nicht zu große Gefäße; besser ist häufigeres Umtopfen. Eine Teilung ist leicht möglich: einfach die Pflanze in 2 oder entsprechend mehr Teile zerschneiden (nicht reißen, da die Bulben schnell abbrechen). Als Substrat eignet sich jede Orchideenerde (zum Selbermischen Typ A verwenden, siehe Seite 24). Bei *Encyclia cochleata* sollten zwei neue ausgewachsene Bulben im Gefäß Platz finden.

◄ ***Epidendrum radicans*-Hybriden** sind nicht gerade besonders augenfällig in der Proportion Pflanze zu Blüte. Außerdem neigen sie zur Kindelbildung. Eine Pflanze wie die hier gezeigte muss dringend umtopft werden.

Expertentipps

1 Tipps zum Kauf

Diese Orchideen werden häufig in Baumärkten oder einer »Schnäppchenecke« angeboten. Wer nicht unbedingt eine bestimmte Sorte (Farbe) sucht, sollte ruhig zugreifen. Die Pflanzen sind so robust, dass sie selbst den »Baumarkt« meist schadlos überstehen.

2 Blütenbildung und Kindel

Die kleinen, nur ca. 2 cm großen Einzelblüten, die sich in Dolden auf der Triebspitze entwickeln, erscheinen von März bis November.

2

Es muss zur Blüte also genügend Licht vorhanden sein. Hauptfehler sind ein zu dunkler Standort und zu viel Wärme. Schneidet man nach der Blüte die Triebspitzen von *Epidendrum* erst ab, wenn sie wirklich abtrocknet sind, bilden sich häufig Kindel (Ableger). Diese können abgetrennt und eingetopft werden. Sie sollten aber nicht zu klein sein und müssen möglichst viele eigene Wurzeln besitzen. Die beste Zeit dafür ist das Frühjahr. Bis auf die Kindelbildung, die bei *Encyclia cochleata* eher selten und meist die Folge eines Pflegefehlers ist (zu viel Wasser, keine Ruhezeit), lässt sich die Pflege beider Gattungen vergleichen. Allerdings sollte man bei *Encyclia* die Ruhezeit deutlicher beachten.

3 Ist ein Sommeraufenthalt im Freien möglich?

Der Aufenthalt von Mitte Mai bis Mitte September an einem halbschattigen Platz im Garten oder auf dem Balkon ist zu empfehlen.

4 Schädlinge und Schadbilder*

Vor allem Schild- und Wollläuse ㉘, ㉙, seltener auch Spinnmilben ⑮, ㉝ zählen zu den tierlichen Schädigern. Pilzkrankheiten und Bakterien ⑥–⑧ treten eigentlich nur nach groben Pflegefehlern auf.

5 Möglichkeiten in Hydro und SERAMIS®

Beide Pflanzen sind für die Hydro- und SERAMIS®-Kultur geeignet und lassen sich ohne Probleme mit Beginn des Wachstums umstellen. Beide verlangen dann aber eine deutliche Ruhezeit.

---

* Die Ziffern im Kreis beziehen sich auf den Anhang Seite 135ff.

Calanthe

Die Heimat dieser schönen, meist terrestrisch wachsenden Orchideen ist vorwiegend Asien; nur wenige der fast 150 Arten sind auch in Südamerika verbreitet. Meist werden Arten mit Laub abwerfenden Blättern angeboten.
Es gibt aber durchaus immergrüne. Der Name kommt aus dem griechischen kalos für »schön, reizend« und anthe für »Blüte«. Wenn man die Blüten sieht, kann man das leicht verstehen.

► ***Calanthe vestita*** war früher eine beliebte, sehr lange haltbare Schnittblume. Heute wird sie eher als Topfpflanze angeboten.

▼ ***Calanthe* Hexem Gem** ist wie die anderen Calanthen zu pflegen, jedoch werden die Pflanzen recht groß.

◄ ***Calanthe* Sedenii 'Harrisii'** hat im Stammbaum die Art *C. Veitchii (= C. rosea × vestita)*, die schon 1860 als erste Kreuzung einer Orchidee überhaupt in England gezüchtet wurde und seit 1878 im Handel ist.

Die richtige Pflege

► ***Calanthe triplictra*** kann als Pflanze bis zu einen Meter hoch werden. Sie ist vielblütig, immergrün und hat ein großes Verbreitungsgebiet.

Temperatur, Licht & Luftfeuchtigkeit

Calanthe brauchen viel Wärme (rund 20 °C), Halbschatten und hohe Luftfeuchtigkeit. Erst nach dem Abfall der Blätter können sie kühler und völlig trocken gehalten werden.

Wie soll man gießen?

Beim Wachsen wird viel Wasser benötigt, es darf jedoch keine Staunässe vorkommen. Gegen Ende des Wachstums – erkennbar an der prallen, meist größeren Bulbe – und während der Blüte schränkt man die Gießmenge deutlich ein. Die Bulben dürfen trotzdem nicht schrumpfen. Erst nach der Blüte wird gar nicht mehr gegossen. Man kann die Pflanze dann sogar austopfen und völlig trocken in Papier eingeschlagen lagern. Allerdings muss man ein wachsames Auge haben, wenn der Neutrieb den Neuanfang signalisiert. Dann entweder neu eintopfen und/oder nur die Wassergaben langsam erhöhen. Neutriebe faulen leicht.

Düngen

Calanthen sind ausgesprochene Starkzehrer unter den Orchideen, müssen sie doch in relativ kurzer Zeit eine Bulbe, Blätter und die Blüte entwickeln. Zu Beginn der Wachstumsphase sollte man darum bei jeder 2. Gießgabe mit Orchideendünger in der vom Hersteller genannten Konzentration düngen, ab Juni bei jeder 3. und zum Abschluss mit einem um die Hälfte reduzierten Blütendünger. Wird zu wenig gedüngt, bleiben die Neutriebe klein, die Pflanze kann nicht blühen.
Sobald die Blätter gelb werden, ist das Düngen einzustellen. Werden Calanthen trockener gehalten, reift der Trieb und es bildet sich die Blüte. Übrigens werden die Blätter vollständig abgestoßen. Die eigentliche totale Ruhezeit beginnt freilich erst mit dem Ende der Blütezeit, die von November bis Januar dauert. Calanthen werden darum gern als Weihnachtsorchideen angeboten.

► Neben der bereits blattlosen Bulbe dieser *Calanthe* (links) kann man den Blütenstiel erkennen. Auf der rechten Bulbe sitzt noch das »trockene« Blatt der letzten Saison.

Umtopfen & Substrat

Eigentlich sollte man *Calanthe* jährlich in nährstoffreiches Substrat, aber kleine Gefäße umtopfen. Dabei aber unbedingt bis zum neuen Trieb warten und vorsichtig arbeiten, denn die kleinen Triebe brechen sehr leicht. Keine Dränage. Geeignet ist jede Orchideenerde, die man zu 1/3 mit normaler Blumenerde mischt (Substrat zum Selbermischen Typ C, siehe Seite 24).

Expertentipps

1 Tipps zum Kauf

Die Möglichkeiten, preiswert eine abgeblühte *Calanthe* zu bekommen, sind recht groß, da nur wenige Verkäufer den Wert ohne Blätter richtig einschätzen. In jedem Fall gilt es auf Pilzkrankheiten zu achten. Pflanzen mit nassfaulen Stellen an der Bulbe nicht kaufen. Trockene Blätter hingegen sind normal.

2 Kindelbildung

Calanthen bilden oben an den Bulben manchmal Kindel. Wenn diese ausreichend groß sind, lassen sie sich leicht entfernen und werden wie die Mutterpflanze behandelt. Am Blütenstiel entstehen unterhalb der Blüte leicht schuppenartige, trockene Hüllblättchen. Sie schaden nicht, sehen aber auch nicht gerade schön aus, und man kann sie guten Gewissens entfernen.

1

3 Soll man *Calanthe* mit anderen Zimmerpflanzen zusammen halten?

Manchmal werden Calanthen zusammen mit einem Farn im Topf angeboten. Dies soll die zur Blütezeit »nackte« Bulbe kaschieren, bereitet aber eigentlich nur Probleme. Da beide Pflanzen unterschiedliches Gieß- und Wachstumsverhalten zeigen, ist es besser, den Farn zu entfernen.

4 Ist ein Sommeraufenthalt im Freien möglich?

Wegen der weichen, empfindlichen Blätter sollte man davon Abstand nehmen.

5 Schädlinge und Schadbilder*

Hauptfeind sind Spinnmilben (15), (33) sowie alle Arten von Pilz- und Bakterienkrankheiten (6)–(8); das Abfallen der Blätter am Ende der Vegetationszeit ist normal (9).

6 Möglichkeiten in Hydro und SERAMIS®

Die strenge Ruhezeit würde eine Kultur in Hydro oder SERAMIS® erschweren, und das Gießen bereitet ja eigentlich kaum Probleme. Grundsätzlich ist eine Umsetzung aber möglich, da die Pflanzen terrestrisch wachsen. Gut geeignet sind SERAMIS® und feiner Blähton auch als Substratzuschlag in der normalen Kultur.

* Die Ziffern im Kreis beziehen sich auf den Anhang Seite 135 ff.

Phaius

Phaius tankervilleae ist eine der eindrucksvollsten exotischen Orchideen, wurde aber lange Zeit kaum noch angeboten. Neben der stattlichen Größe – sie kann mit Blüte stolze 150 cm Höhe erreichen –, die manchen abschreckte, wiesen die kultivierten Pflanzen meist deutlich sichbare schwarzbraune Blattflecken auf. Wahrscheinlich handelte es sich dabei um ein Virus, das schon in der Natur zu finden ist. Inzwischen ist es gelungen, die Pflanzen virusfrei zu machen, und man findet sie wieder häufiger im Handel. Dazu gibt es heute viele neue Züchtungen.

In der Natur ist die Gattung *Phaius* in Bergwäldern vom tropischen China über ganz Asien bis hin nach Nordostaustralien, Afrika und Madagaskar verbreitet. Die Orchideen sind immergrün und haben große, weiche Blätter.

◄ ▲ Die Farbvielfalt der neuen ***Phaius*-Hybriden** ist erstaunlich. Auch sind die Pflanzen nicht mehr so riesig, und so werden sie schon bald zu den beliebtesten Orchideen zählen.

Die richtige Pflege

TIPP Spathoglottis Caractea®
Die genannten Pflegehinweise kann man übrigens auch bei der jetzt häufiger im Handel angebotenen *Spathoglottis* Caractea® anwenden, die auch als »Purpurorchidee« bekannt ist. Sie kann zu allen Jahreszeiten blühen, bleibt aber durch ihre immergrünen Blätter auch ohne Blüten attraktiv. Sie mag es warmtemperiert, im Winter bei 18–20 °C, im Sommer bei 20–28 °C. Die Ruhezeit ist nicht ausgeprägt, im Winter einfach etwas kühler stellen. Dabei einen hellen Standort wählen, allerdings ohne direkte Sonne. Die Pflanzen wollen nie ganz austrocknen. Man kann man sie kräftig ernähren; wenn man während der Blüte düngt, verlängert sich die Haltbarkeit der Blüten.

Temperatur, Licht & Luftfeuchtigkeit

Im Sommer wollen *Phaius* schattig, ohne direkte Sonne und warm kultiviert werden, bei möglichst hoher Luftfeuchtigkeit. Im Winter benötigen sie so viel Licht wie möglich. Da die Temperatur nie unter 15 °C sinken darf, sind die Pflanzen ideal für einen bewohnten Wintergarten (Temperatur im Sommer tagsüber 20–28 °C, nachts nur wenig absinkend, im Winter 18–20 °C am Tage und um 15 °C bei Nacht). Am Ende der Vegetationszeit reichen 3 Wochen Trockenheit zur Induktion der Blüte.

Wie soll man gießen?

In der Vegetationszeit, meist von März an, hält man die Pflanzen recht feucht. Dabei dürfen aber die Blätter nie mit Wasser in Berührung kommen, denn dies führt sehr schnell zu Blattflecken. Unbedingt Staunässe vermeiden. Im Winter wird nur mäßig gegossen.

Düngen

Während des Wachstums düngt man bei jeder 2. Gießgabe mit Orchideendünger in der vom Hersteller angegebenen Konzentration. Zum Abschluss der Wachstumszeit, meist ab Oktober, wird dann bis in den Februar hinein bei jeder 3. Gießgabe gedüngt.

Umtopfen / Substrat

Der richtige Zeitpunkt zum Umtopfen ist mit Erscheinen des Neutriebs oder sofort nach der Blüte. Durch Teilung wird die Pflanze zusätzlich zur Blütenbildung angeregt. Gepflanzt wird am besten in hohe Container in jede Art von Orchideenerde (Substrat zum Selbermischen Typ B, siehe Seite 24). Gute Dränage ist wichtig, um Staunässe, die leicht zu Wurzelschäden führt, auszuschließen. Im Wintergarten kann man *Phaius* auch in Grundbeete auspflanzen.

◀ ***Phaius tankervilleae*** ist mit über einem Meter Höhe eine wirklich eindrucksvolle Pflanze, die nicht nur in die botanischen Sammlungen gehört, sondern vor allem in den Wintergarten.

Expertentipps

1 Tipps zum Kauf

Da die Pflanzen schnell recht groß werden, sollte man sich vor dem Kauf überlegen, ob ausreichend Platz zur Verfügung steht. Vorsichtig transportieren, denn *Phaius*-Orchideen sind besonders an den Blüten sehr druckempfindlich. Auf Blattflecken achten **1**.

2 Ist ein Sommeraufenthalt im Freien möglich?

Davon ist abzuraten, weil die Wärme nachts meist nicht ausreicht.

3 Schädlinge und Schadbilder*

Neben Pilz- und Bakterienerkrankungen ⑥–⑧ können Schild- und Wollläuse auftreten ㉘, ㉙, bei geringer Luftfeuchtigkeit auch Spinnmilben ⑮, ㉝. Seltener sind Thripse ㉜ zu finden.
Bei großen Pflanzen mit vielen Blättern werden die letztjährigen Blätter manchmal fleckig. Man kann sie ruhig entfernen oder halbieren (nur mit desinfiziertem sauberem Messer oder Schere arbeiten).

4 Möglichkeiten in Hydro und SERAMIS®

Grundsätzlich sind beide Kulturarten gut geeignet, da es sich bei *Phaius* um terrestrische Pflanzen handelt. Dagegen spricht die sehr gegen Nässe empfindliche Wurzel. Gerade die Hybriden der *Phaius humblotii* **4** vertragen Wärme recht gut und sind damit besonders für die Zimmerkultur tauglich. Für *Phaius* gilt, dass der Wasserstand möglichst niedrig eingestellt und für eine ausreichend lange »Trockenphase« gesorgt wird.

---

* Die Ziffern im Kreis beziehen sich auf den Anhang Seite 135 ff.

1

4

Häufige Kulturprobleme*

Schäden am Substrat

① Weiße oder graue Ablagerungen auf der Oberfläche

Wenn Wasser verdunstet, bleiben – insbesondere bei hartem Gießwasser und Substraten mit Blähton oder SERAMIS® – auf der Substratoberfläche Salze zurück. Sind auch die Luftwurzeln betroffen, kann es zu Wurzelschäden kommen (hauptsächlich bei dünnen Luftwurzeln).

② »Pilzrasen« auf der Substratoberfläche

Meist bei Rinde, aber auch bei Torf; kann schon kurz nach dem Umtopfen auftreten, ist aber nicht weiter schlimm und verliert sich meist bald von selbst. Oberfläche immer wieder »aufrauen«.

③ Algen, Moose, Lebermoose auf der Erdoberfläche

Deuten auf hohe (zu hohe?) Feuchtigkeit hin. Soweit möglich, trockener halten und die oberste Substratschicht erneuern.

④ Springschwänze – kleine, 1–4 mm lange farblose Tiere

Insbesondere bei erdigen Substraten »springen« beim Gießen Springschwänze (Collembolen) hoch. Dies sind kleine Urinsekten, die in feuchter Umgebung leben und sich von verrottenden Substrat- und Pflanzenteilen ernähren. Die flügellosen, 1,0–4,0 mm kleinen Tierchen haben eine weißliche, manchmal silbrig schwarze Körperfärbung; charakteristisch ist die Sprunggabel am Hinterleib. Springschwänze sind nicht wirklich schädlich. Bei Massenbefall können allerdings Wurzelspitzen und junge Pflanzenteile angefressen werden, es entsteht ein feiner Loch- und Schabefraß. Bestes Gegenmittel: Substrat trockener halten.

⑤ Kleine schwarze Mücken / Trauermücken

Beim Berühren der Orchideen oder beim Gießen fliegen die 3 mm kleinen, zarten Tierchen mit schwarzem Körper und schwarzen Flügeln auf. Sie vermehren sich in feuchten, torfreichen Substraten oder Sphagnum (darin entwickeln sich die bis 7 mm langen, weißgrauen und schwarzköpfigen Maden). Die Maden fressen an den Wurzeln und an der Stängelbasis. Wenn möglich, die Pflanze trockener halten. Häufig sind Trauermückenlarven in Verbindung mit Pilzbefall an den dicken Wurzeln von *Phalaenopsis* zu finden. Geschwächte oder durch Schadpilze vorgeschädigte Pflanzen laden zur Eiablage ein. Neben der Bekämpfung mit Nützlingen kann man Gelbtafeln oder -sticker oder eine knallgelbe Schale mit Wasser und ein paar Tropfen Spülmittel aufstellen. Trauermücken »fliegen« auf Gelb. Entweder sie kleben fest oder sie ertrinken. Eine andere Methode ist die Kultur von 1 oder 2 Fettkrautpflanzen *(Pinguicula)* bei den Orchideen: ein ebenfalls »klebender« Erfolg.

Schäden an Blättern, Wurzeln und Bulben

⑥ Wurzeln sind braun verfärbt und faulen

Das Velamen ist verfault oder matschig weich. Ursache ist in den meisten Fällen zu viel Wasser, nicht selten in Verbindung mit zu niedrigen

▲ ② Deutlich sichtbar ist der Pilzrasen auf dem Rindensubstrat. Eigentlich ist dies Zeichen einer normalen Zersetzung der Rinde. Allerdings dürfen die Pilzrasen nicht überhand nehmen.

▼ ③ Moose sind eigentlich nicht erwünscht, jedoch können sie im Gewächshaus manchmal sogar nützlich sein, denn sie schützen die Wurzeln vor Versalzung.

* Die Ziffern in Kreisen beziehen sich auf Hinweise in den Orchideen-Kapiteln in der Rubrik »Schädlinge und Schadbilder«.

▲ ⑥ Zu viel Wasser kann man bei durchsichtigen Kulturtöpfen leichter erkennen. Unbedingt auch im Übertopf kontrollieren!

▼ ⑦ Typische Herzfäule bei *Phalaenopsis*, meist verursacht durch zu viel Wasser in der Pflanze, selten auch im Trieb. Herzfäule kann aber auch bei Wärmemangel auftreten.

Bodentemperaturen. Sparsameres und der Wachstumsintensität angepasstes Gießen schafft meist Abhilfe. Folge von solchen Schäden sind Bakteriosen und Pilze. Bei einigen Orchideen tritt auch eine Schädigung im Blatt auf, die als »Ziehharmonikawuchs« beschrieben wird; hier führt unregelmäßige Wasserversorgung zu Spannungen im Gewebe.

⑦ Blätter und Spross faulen vom Grund her (oder im Neutrieb / Herzfäule) oder weisen dunkle Vertiefungen in der Oberfläche auf. Bulben verfärben sich braun bis schwarz

Zeichen dafür, dass die Feuchtigkeit im Wurzelbereich zu hoch und/oder die Bodentemperatur zu niedrig war. Die Pflanzen sind in der Regel nicht mehr zu retten.
Häufige Folge sind der Befall mit Blatt- und Stängelfäule sowie Blütenfäule durch verschiedene Pilze, darunter *Botrytis cinerea,* der praktisch auf allen Pflanzenteilen wächst. Charakteristisch ist der bei hoher Luftfeuchtigkeit erkennbare mausgraue Sporenrasen auf den Befallsstellen (Grauschimmel), der auch auf den Blüten als dunkle Punkte sichtbar wird. Daneben tritt Schwarzfäule an Wurzeln, Rhizomen, Stängeln und Blättern auf. Die Pilze dringen in die Orchideen ein und scheiden dort pflanzengiftige Stoffe aus. Innerhalb kurzer Zeit kommt es zu Nassfäule bis zum Zerfall der Pflanzenteile. Da diese Krankheiten schwer erkennbar sind, sollte man das Pflanzenschutzamt oder einen Orchideengärtner zu Rate ziehen.

⑧ Blätter sind glasig durchscheinend

Ursache können verschiedene schwer zu identifizierende Bakterienerkrankungen sein. Bakterien sind einzellige Organismen, die sich im Wasser fortbewegen. Die Vermehrung (durch Teilung) kann bei feuchtwarmen Bedingungen in Minutenschnelle erfolgen. Einer gesunden Pflanzenoberfläche können Bakterien nicht schaden, sie sind immer auf offene Wunden oder die Spaltöffnungen angewiesen. *Erwinia carotovora* und *Erwinia cypripedii* sind Erreger der Nassfäule, die sich als weiche, trüb gelbe Flecken an den Blättern äußert. Die Fäule beginnt meist an der Blattbasis, breitet sich dann aber über das ganze Blatt aus, sodass letztlich noch eine weiche Masse übrig bleibt. Schnell kann Nassfäule sich auf der gesamten Pflanze ausbreiten. Daneben gibt es noch weitere Bakteriosen, die nicht selten auch gleichzeitig auftreten. Bei sympodialen Orchideen kann man versuchen, die befallenen Bulben abzutrennen. Messer/Schere vor jedem Schnitt (z. B. über einer offenen Flamme) desinfizieren!

⑨ Blätter werden trocken und fallen ab

Dies ist bei allen Pflanzen mit strenger Ruhezeit üblich (z. B. *Calanthe* und *Lycaste),* wobei während der Ruhezeit entweder niedrige Temperatur oder Trockenheit herrscht. Alle Pflanzen verlieren einzelne ältere Blätter, während sich parallel neue bilden. Wassermangel ist nur selten die Ursache von Blattfall, eher zu viel Wasser!

⑩ Blätter werden hellgrün oder gelblich grün

Lichtmangel und Stickstoffmangel bewirkt vorzeitiges Gelbfärben und Blattfall. Möglicherweise sind die Pflanzen auch von saugenden Schädlingen, besonders Spinnmilben befallen (siehe dort). Ein charakteristisches Merkmal ist, wenn die Blätter trotz feuchter Erde »schlappen« (schlaff sind, hängen).

⑪ Blätter sind klebrig

Bei der klebrigen Substanz handelt es sich in der Regel um Ausscheidungen von Läusen, besonders Blatt-, aber auch Schildläusen und Weißer Fliege (siehe dort). Klebrige Stellen am Stiel können auch niedrige Temperaturen als Ursache haben.

⑫ Aus den Blättern treten am Rand oder an der Spitze Wassertropfen hervor

Eine normale Erscheinung (Guttation) bei bestimmten Arten, zum Beispiel bei *Phalaenopsis.* Die Guttation kann zunehmen, wenn sowohl die Erde nass als auch die Luftfeuchtigkeit sehr hoch ist.

⑬ **Blätter sind gekräuselt oder rollen sich ein. Dazu oder zuerst strichartige Vertiefungen, meist parallel zum Blattnerv**
Ursache sind meist Wurzelschäden (siehe oben), typisch ist hier der »Ziehharmonikawuchs« bei *Miltonia* und Mehrgattungshybriden. Allerdings kann auch die Luftfeuchtigkeit zu gering sein. Gekräuselte und mehr oder weniger deformierte Blätter zeigen in der Regel einen Befall mit Schädlingen oder eine Infektion durch Viren an (siehe dort). Besonders häufig sind Schäden durch Spinnmilben (siehe dort).

⑭ **Symptome nur an jungen Blättern**
Wenn junge Blätter zwischen den Adern hellgelb bis fast weißlichgelb verfärbt sind, die Adern aber grün bleiben, ist dies ein Zeichen von Eisenmangel. Tritt häufig in Hydrokulturen auf, vorwiegend im Sommer und wenn der pH-Wert der Lösung über 6 ansteigt. Zur Abhilfe mischt man der Nährlösung Eisen bei bzw. gießt Pflanzen im Substrat mit einem Eisenchelat-Dünger, z. B. *Gabi Mikro Fe* oder *Fetrilon*.

⑮ **Blätter haben unregelmäßige, nur stecknadelkopfgroße mehr oder weniger vertiefte Aufhellungen**
Befall mit Spinnmilben, Blattläusen (siehe dort).

⑯ **Blätter haben unregelmäßige größere gelbe Flecken**
Meist Folge von Gießen mit kaltem Wasser auf die von der Sonne erwärmte Blattfläche.

⑰ **Blätter verfärben sich von den Blattspitzen her braun**
In den meisten Fällen ist zu trockene Luft die Ursache, es kann aber auch Nährstoffmangel sein (bei *Cymbidium* fehlt häufig Kalium).

⑱ **Blätter verfärben sich an den Blatträndern braun**
Die Konzentration der Nährsalze ist zu hoch, entweder durch falsches oder zu häufiges Düngen oder durch Gießen mit zu hartem Wasser. Abhilfe schafft Umtopfen oder ein Durchspülen der Erde mit klarem weichem Wasser.

⑲ **Braune Verfärbungen, die nicht nur auf Blattränder, -basis oder -spitzen beschränkt sind**
Oft Hinweis auf die Behandlung mit einem unverträglichen oder falsch dosierten Pflanzenschutzmittel oder Kälteschaden durch das Treibmittel in Sprühdosen (häufiges Behandeln mit Blattglanzmitteln). Es kann sich aber auch um Verbrennungsschäden durch Überhitzung handeln.

⑳ **Blätter haben trockene, bräunliche, auch verkorkte Flecken, die sich in der Regel nicht ausbreiten**
Nichtparasitäre, durch ungeeigneten Standort verursachte Schäden, häufig auch durch zu häufiges Gießen und ständig nasse Erde bei hoher Luftfeuchte verursacht.

㉑ **Blätter haben zunächst punktförmige helle, später verkorkte braune Flecken**
Das Blatt kann auch missgestaltet sein. Sind an den befallenen Blättern winzige braunschwarze Kottröpfchen zu erkennen, sind die Ursache in aller Regel Blasenfüße (Thripse, siehe unten). Dieselben Symptome sind auch an Knospen und Blüten feststellbar. Ohne Schädlinge ist dies ein Hinweis auf Viren.

㉒ **Blätter färben sich fast gleichmäßig über die ganze Blattfläche rot**
Zu intensive Sonneneinstrahlung (häufig färben sich auch die Sprosse rot). Abhilfe durch Schattieren. Eine andere mögliche Ursache ist zu niedrige Temperatur am Standort.

㉓ **Blätter färben sich vornehmlich an den Blatträndern rot**
Phosphor- oder Kupfermangel, besonders häufig bei *Phalaenopsis*. Kupfermangel zeigt sich zunächst an jungen, Phosphormangel an alten Blättern. Mit entsprechenden Blüten- oder Spurennährstoffdüngern düngen.

▲ ⑬ Ziehharmonikawuchs an Blättern. Die Ursache liegt in gestörter Wasseraufnahme durch Wurzelschäden.

▼ ⑯, ⑰, ⑱, ⑲ Solche Schäden sind bei vielen Orchideen typisch, die Ursachen vielfältig. Unbedingt beobachten, ob die Schäden sich ausbreiten. Zuerst auf tierische Schädiger achten. Dann mögliche Ursachen im Gießverhalten, in der Ernährung und zuletzt auch in der Luftfeuchtigkeit abklären.

▲ (25) *Botrytis* auf einer Falterorchidee (*Phalaenopsis*). Ursache ist häufig zu hohe Luftfeuchtigkeit und Kälte.

▼ (27) Blattläuse können schnell zur Plage werden. Ob grüne, schwarze oder gelbe, in der Bekämpfung kann man ihnen schnell zu Leibe rücken.

▼ (28) Schildläuse an einem Cattleyenblatt. Besonders auch unter der Bastschicht der Bulben finden sich die Schädiger.

Schäden an Knospen und Blüten

(24) Knospen und/oder Blüten werden abgeworfen

Dies tritt häufig bei neu erworbenen Orchideen als Reaktion auf die veränderten Umweltbedingungen (Licht, Temperatur und Luftfeuchte) auf, außerdem bei ungenügender Wasserversorgung. Oft ist der Wassermangel durch Wurzelschäden bedingt. Weitere mögliche Ursachen sind die Einwirkung von Rauch und Ethylen sowie Lichtmangel in den Herbst- und Wintermonaten. Allgemein ein Hinweis auf einen schlechten Kulturzustand.

(25) Knospen oder Blüten faulen

Sehr häufig ist *Botrytis* oder Grauschimmel (siehe dort) die Ursache. Als Erstes zeigen sich dabei dunkelgraue Flecken auf den Blüten.

(26) Blüten sind verkrüppelt, verformt

Generell Folge eines Virusschadens; neben einer Verformung können sich Farbverläufe und eine strichartige Zeichnung bemerkbar machen. Dazu kommen oft braune Streifen im Gewebe.

Schädlinge und Viren

(27) Blattläuse

Blattläuse sind 1,0–4,0 mm kleine geflügelte oder ungeflügelte Insekten mit langen Beinen und Fühlern. Im Zimmer und im Gewächshaus findet häufig Jungfernzeugung (Parthenogenese) statt, d. h., die Weibchen zeugen regelmäßig Jungtiere, ohne befruchtet zu sein. Besiedelt werden vor allem junge Triebe und weiche Blätter sowie Blüten. Saugen die Läuse direkt aus dem Leitbündel, bildet sich so genannter Honigtau. Blattlausbefall birgt die Gefahr der Virusübertragung. Blattläuse werden mit anderen Pflanzen eingeschleppt, fliegen aber auch im späten Frühjahr und Sommer aus dem Garten zu. Im Notfall kommt eine Bekämpfung mit Insektiziden in Frage (im Fachhandel erfragen). Allgemein sind bei Orchideen Pflanzenschutzstäbchen weniger geeignet, Sprühen ist besser. Immer vorzuziehen ist natürlich eine biologische Bekämpfung.

(28) Schildläuse

Schildläuse sind kleine bis mittelgroße Insekten, wobei sich Männchen und Weibchen in Körperform und Größe unterscheiden (Männchen sind allerdings eher selten, meist findet Jungfernzeugung statt). Der Körper der Weibchen ist mit einer Wachsschicht versehen, dadurch gut geschützt – und entsprechend schwierig zu bekämpfen! Die Vermehrung erfolgt über Eier und dauert nur wenige Wochen. Beweglich sind nur die jungen Larven, erwachsene Tiere sitzen fest auf den Orchideen. Bei Orchideen sind besonders Deckelschildläuse und Napfschildläuse von Bedeutung. Erstere besitzen einen deckelartigen Schild, der mit dem Körper nicht verbunden und abnehmbar ist; sie saugen aus den Zellen, nicht aus den Leitungsbahnen (bekannteste Art an Orchideen ist die Palmenschildlaus). Napfschildläuse dagegen sind mit ihrem Schild fest verbunden. Befall mit Napfschildläusen erkennt man an der Honigtaubildung in Verbindung mit Schwärzepilzen (Rußtau).
Am meisten Erfolg verspricht die Bekämpfung der beweglichen Larven. Bei wenigen Pflanzen empfiehlt es sich, vor dem Spritzen mit einem Insektizid alle alten Schildläuse abzukratzen (dabei vorsichtig vorgehen, um eine Beschädigung der Blätter zu vermeiden. Bewährt haben sich eine weiche Zahnbürste oder ein weicher, mit Seife getränkter Schwamm). Die Spritzung nach 1 bis 2 Wochen bzw. nach Angaben des Herstellers unbedingt wiederholen.

(29) Wollläuse/Schmierläuse

Wollläuse sind eigentlich auch Schildläuse, besitzen jedoch keinen »Deckel«, sondern schützen sich durch eine mehlige weißliche Wachsschicht. Bei Orchideen sind zwei Arten besonders häufig: die Zitronenschmierlaus (oval, dunkelgelb bis gelblich braun, mit Wachsausscheidungen bepudert, kurze, dicke Fäden am Körperrand, starke

Honigtauausscheidungen) und die Langdornige Schmierlaus (rötlich bis orange gefärbt, oval, mit auffallend langen Schwanzfäden und sehr starker Honigtauausscheidung).
Auch bei Wolllausbefall folgt sehr häufig eine Besiedelung mit Rußtaupilzen. Wollläuse verstecken sich unter den Blättern, sitzen an Blütenstielen und Blütenblättern und unter der Bastschicht der Bulben. Sie reagieren auf chemische Pflanzenschutzmittel schlecht. Rechtzeitiges Erkennen ist die beste Methode. Notfalls probiert man mehrere Mittel mit zeitlichem Abstand. Einer biologischen Bekämpfung ist natürlich Vorrang zu geben.

(30) Schnecken
Diese Weichtiere sind dämmerungs- oder nachtaktiv und leben tagsüber meist unter Rinde, Töpfen oder zwischen den Pflanzen. Sie produzieren Schleim und fressen alles »Grünzeug«, das ihnen begegnet. Eier werden im Substrat abgelegt. An Orchideen, besonders an *Phalaenopsis* und allen weichblättrigen Gattungen, treten Nackt- und Gehäuseschnecken auf. Alle zeichnen sich durch große Vermehrungsfreudigkeit aus. Als besondere Delikatesse schätzen sie junges, weiches Pflanzengewebe, d. h. natürlich auch Blüten. Unter den Gehäuseschnecken trifft man an Orchideen vor allem die kleine Gewächshausglanzschnecke. Sie ist nur 2,0–2,5 mm hoch, 3–4 mm breit, braungelb bis rotbraun und lebt in den Rindensubstraten. Fressen Gehäuseschnecken an Wurzeln und am Wurzelhals der Pflanzen, entstehen Wunden, die wiederum Pilzen Zugriff ermöglichen.
Meist werden Schnecken vom Gärtner »mitgekauft«. Neben Schneckenkorn (mit verschiedenen Wirkstoffen) haben sich gegen Nacktschnecken auch Eisenpräparate und das Auslegen von Gurkenscheiben zwischen den Pflanzen bewährt. Hier lassen sich alle Arten leicht fangen und vernichten.

(31) Trauermücken
Siehe oben unter (5).

(32) Thripse (Blasenfüße)
Meist auf der Unterseite der Blätter sitzen ca. 1 mm große, schlanke, braunschwarze Insekten mit charakteristisch gefransten Flügeln. Die ungeflügelten Larven findet man nicht leicht. Typisch für den Befall mit Blasenfüßen sind dunkle Kottröpfchen und die zunächst silbrig hellen, später verkorkenden Flecken auf den Blättern, die eigentlich ausgesaugte, luftgefüllte Zellen sind. Thripse legen ihre Eier mit einem »Legebohrer« in Blätter oder andere Pflanzenteile. Die Dauer der Entwicklung ist temperatur- und lichtabhängig. Unter günstigen Bedingungen kann je nach Art mit 10–12 Generationen im Jahr gerechnet werden. An Orchideen treten hauptsächlich 2 Arten auf: der Kalifornische Blütenthrips und der Gebänderte Gewächshausthrips.
Die Saugtätigkeit führt zu Wachstumsstockungen und Deformierung an Stiel und Knospen. Befallskontrolle mit Blautafeln, dann Einsatz von Insektiziden nach Beratung. Biologischer Bekämpfung mit Nützlingen ist natürlich Vorrang zu geben.

(33) Spinnmilben oder Rote Spinne
Dieser gefährlichste Orchideenschädling ist nicht leicht zu erkennen. Zunächst sind auf den Blättern nur nadelstichgroße Aufhellungen zu bemerken, denn Spinnmilben saugen einzelne Zellen leer, in die dann Luft eindringt. Bei zunehmendem Befall werden die Flecken größer, die Blätter verfärben sich fahlgelb und trocknen schließlich aus. Erst bei starkem Befall sind Blätter und Blüten mit einem feinen Gespinst überzogen. Die Tiere selbst sind nur bis 0,5 mm groß, gelblich bis orangerot oder grünlich gefärbt und nur mit der Lupe zu erkennen. Man findet Spinnmilben vornehmlich auf den Blattunterseiten, und sie bewegen sich ausgesprochen langsam. Besonders wohl fühlen sich Spinnmilben bei hohen Temperaturen und trockener Luft. Da sie meist spät entdeckt werden, sind die Pflanzen oft schon geschädigt. Gefährdet sind vor allem *Cymbidium, Cattleya, Miltonia* und alle übrigen weichblättrigen Gattungen, aber

▲ (29) Schlimmster Feind vieler Orchideen sind Wollläuse. Sie sind nicht nur schwer zu beseitigen, sondern verbreiten sich zunehmend in den Kulturen.

▼ (30) Schnecken haben am jungen Blatt genagt, die Schäden sind langfristig sichtbar. Wenn die Fraßränder eintrocknen, besteht weiter keine Gefahr.

▼ (33) Spinnmilben sind leicht zu bemerken. Das Gespinst weist auf einen starken Befall hin. Sofort die Bekämpfung einleiten. Spezielle Akaricide verwenden.

▲ 35 Beim Befall einer Orchidee mit Weißen Fliegen unbedingt auch Zimmerpflanzen in der Umgebung beobachten. Meist sind »weichblättrige« Zimmerpflanzen zuerst befallen.

▼ 36 Virusbefall ist nur schwer zu erkennen; hier ein typisches Schadbild an einem älteren Cattleyenblatt. Unbedingt einen Fachmann hinzuziehen. Bei Verdacht die Pflanze zunächst isolieren. Werkzeuge unbedingt desinfizieren!

auch *Phalaenopsis*. Am häufigsten trifft man bei uns die Gemeine Spinnmilbe, die bei hohen Temperaturen um 27 °C und geringer Luftfeuchtigkeit optimale Vermehrungsbedingungen hat. Auch Knospen und Blüten werden von Spinnmilben befallen. Als »erste Hilfe« entfernt man stark befallene Blätter und Blüten und setzt anschließend speziell zur Bekämpfung von Spinnmilben ausgewiesene Insektizide ein. Auch biologischer Pflanzenschutz hat sich gut bewährt.

34 Weichhautmilben

Hierbei handelt es sich um 0,2–0,3 mm kleine, längliche, glasig-durchsichtige Milben, die deshalb auch nur schwer erkennbar sind. Sie vermehren sich bei hohen Temperaturen und Luftfeuchtigkeit und bevorzugen wachsendes Pflanzengewebe. Durch Fraß können Blätter und Blütenstiele verkrüppeln. Häufig treten die lichtempfindlichen Schädlinge an *Paphiopedilum* oder *Dendrobium* auf, können jedoch nur vom Pflanzenschutzamt einwandfrei diagnostiziert werden.

35 Weiße Fliege oder Mottenschildlaus

Meist auf der Blattunterseite weichblättriger Orchideen sitzen versteckt diese bis 1,5 mm großen weißen Insekten mit den relativ großen, ebenfalls weiß gefärbten Flügeln. Beim Berühren der Pflanze fliegen sie auf. Ebenfalls auf den Blattunterseiten findet man die schuppenähnlichen Larven, die anfangs eher farblos sind, dann gelblichgrün werden und weiß überpudert enden. Wie bei Schildläusen weist Honigtau auf den Befall hin. Die Bekämpfung mit einem Insektizid nützt nur bei konsequenter Anwendung. Biologischer Pflanzenschutz mit Nützlingen ist dagegen sehr erfolgreich.

36 Viren

An Virosen geht eine Orchidee nicht unbedingt ein. Jedoch verursachen Viren Blatt- und/oder Blütendeformationen, Farbdeformationen und/oder Wachstumsstörungen. Virusinfektionen sind schwer zu diagnostizieren. Häufig werden Kulturfehler wie Nährstoffversorgung, Licht, Wasser, Temperatur oder Luftfeuchtigkeit fälschlich als Ursache der Schadbilder angesehen. Im Zweifelsfall wenden Sie sich an ein Pflanzenschutzamt und lassen dort die aufgetretenen Symptome analysieren.

Viren sind sehr klein und nur unter dem Elektronenmikroskop sichtbar. Sie haben keinen eigenen Stoffwechsel und vermehren sich ausschließlich in den Zellen ihrer Wirte. Besonders leicht zu erkennen sind Cymbidium-Mosaikvirus und Odontoglossum-Ringfleckenvirus, die vor allem an jüngeren Blättern kleine oder breitflächige, meist hellere Gewebefarbabstufungen verursachen. Nach der Reife des Blattes verändern sich diese Aufhellungen zu eingesunkenen schwarzen Flecken, erst hauptsächlich an der Blattunterseite, später auch auf der Blattoberseite. Bei starker Schädigung fallen die infizierten Blätter ab. Punkt- oder streifenförmige Flecken an der Blattoberseite weisen auf Rhabdoviren hin; bei fortschreitendem Befall trocknen die betroffenen Gewebepartien ein, es entstehen weißlichgraue, scharf abgegrenzte, tief eingesunkene Flecken, die in der Regel nicht auf die Blattunterseite übergehen. In der Folge kann es zu Pilzbefall kommen. Eine Bekämpfung ist nicht möglich.

Durch die hohe Infektiösität von Viren ist nur vorbeugende Hygiene erfolgreich. Dabei kommen als hauptsächliche Übertragungswege Messer, Scheren, Hände, Insekten, Gießwasser, abgestorbene Pflanzenteile und Töpfe in Frage. Die Desinfektion erfolgt mit Wärme oder entsprechenden Reinigungsmitteln (im Gartenbedarf erhältlich). Befallene Pflanzen sollte man entweder isolieren oder vernichten!

Adressen, die Ihnen weiterhelfen

Orchideengärtnereien

Die meisten der vorgestellten Orchideenarten und -sorten finden Sie in gut sortierten Garten-Centern und Gärtnereien. Darüber hinaus gibt es eine Reihe spezieller Orchideen-Gärtnereien, darunter die nachfolgend ohne jeden Anspruch auf Vollständigkeit genannten, bei denen Sie sicher fündig werden.

Niederlausitzer Orchideen & Tillandsien,
Gärtnerei Lehradt
Allmosener Hauptstraße 3
01983 Großräschen
Tel.: 03 57 53 / 1 45 40
www.orchideen-lehradt.de

Großräschener Orchideen
W.-Seelenbinder-Str. 21
01983 Großräschen
Tel.: 03 57 53 / 57 91
www.orchideenwlodarczyk.de

Valerius & Söhne
Putenweg 68
12355 Berlin
Tel.: 0 30 / 6 63 30 38

Orchideen Rehbein
Curslacker Deich 270
21039 Hamburg
Tel.: 0 40 / 7 23 36 43
www.orchideen-rehbein.de

Marei Karge
Bahnhofstr. 24-26
21368 Dahlenburg
Tel.: 0 58 51 / 2 66
www.karge-orchideen.de

Orchideen Zentrum Wichmann
Tannholzweg 1-3
29229 Celle
Tel.: 0 51 41 / 9 37 20
www.orchideen-wichmann.de

Hennis Orchideen
Große Venedig 4
31134 Hildesheim
Tel.: 0 51 21 / 3 56 77
www.hennis-orchideen.de

Röllke Orchideenzucht
Flößweg 11
33758 Schloß Holte-Stukenbrock
Tel.: 0 52 07 / 6 64 74
www.roellke-orchideen.de

Baumannn Orchideen
Beethovenstr. 199
46145 Oberhausen
Tel.: 02 08 / 6 35 31 45
www.baumann-orchideen.de

Orchideen Lucke
Bergschenweg 6
47506 Neukirchen-Vluyn
Tel.: 0 28 45 / 2 86 12
www.orchideen-lucke.de

Marko Holm
Alte Bahn 206
47551 Bedburg-Hau Louisendorf
Tel.: 0 28 24 / 31 67

Lemförder Orchideenzucht
Am Rauhen Berge 8
49448 Lemförde
Tel.: 0 54 43 / 6 51
www.loz.de

Fochem Tropical Orchids
Am Grünen Weg 13
50259 Pulheim-Dansweiler
Tel.: 0 22 34 / 8 27 54

Orchidarium Schronen
In der Elkes 3-5
54689 Daleiden/Westeifel
www.orchideen-schronen.de

Orchideen Koch
Lindenhof
57368 Lennestadt
Tel.: 0 27 21 / 1 01 87
www.orchideen-koch.de

Schwerter Orchideenzucht
Bergstr. 8
58239 Schwerte/Ruhr
www.schwerter-orchideenzucht.de

Orchideen Röhl
Sternweg 14
59494 Soest
Tel.: 0 29 21 / 6 03 82
www.orchideen-roehl.de

Orchideen Netzer
Ortsstr. 138
69488 Birkenau
Tel.: 0 62 01 / 39 30 15
www.netzer.de

Rosenheimer Orchideenzucht
Mayerbacher Str. 94
85737 Ismaning
Tel.: 0 89 / 8 50 75 83
www.orchideen.com

Wössner Orchideen
Hauptstr. 28
83246 Unterwössen
Tel.: 0 86 41 / 83 50
www.woessner-orchideen.de

Cramer Orchideen
Zum Steiner 11
83489 Strub
Tel.: 0 86 52 / 94 49 03
www.cramer-orchideen.de

Der Orchideen Strauß
Starzenbachstr. 27
85304 Ilmmünster
Tel.: 0 84 41 / 54 52
www.orchideen-strauss.de

Kenntner Orchideenzucht
Birkelweg 12
89555 Steinheim-Sontheim
Tel.: 0 73 29 / 55 88
www.kenntner-orchideen.de

Currlin Orchideen
Seeweg
91215 Uffenheim/Welbhausen
Tel.: 0 98 42 / 85 88
www.currlin.com

M & M Orchideen M. Wolff
Kaeppelesweg 11
97539 Wonfurt-Steinsfeld
Tel.: 0 95 21 / 9 48 90
www.m-m-orchid.com

Liebhaber-gesellschaften

Orchideenliebhaber in Deutschland sind in der Deutschen Orchideen Gesellschaft e.V. zusammengeschlossen. Es gibt Landes- und Bezirksgruppen, eine davon bestimmt in Ihrer Nähe.

Deutsche Orchideengesellschaft e.V. (DOG)
Flößweg 11
33758 Schloß Holte-Stukenbrock
Tel.: 0 52 07 / 92 06 07

Vereinigung Deutscher
Orchideenfreunde e. V.
Söllingstraße 53/55
45127 Essen
Tel.: 02 01 / 23 42 85

Österreichische Orchideengesellschaft
Birkengasse 3
A-2601 Sollenau

Schweizerische Orchideengesellschaft
Präsidentin: Cristina Naeder
Via ai Ranch 39
CH-6653 Versico

Über den Autor

Jörn Pinske ist ausgebildeter Gärtner, seine Lehre machte er in Hamburg bei der damals ältesten Orchideengärtnerei. Er arbeitete viele Jahre in der bekannten deutschen Orchideengärtnerei Wichmann in Celle und war dort für Kultur und Vertrieb der Orchideen zuständig. Danach betrieb er einen Schaugarten mit Kleingewächshäusern der führenden Hersteller aus diesem Bereich, dabei ging es um Konstruktion und praktische Nutzung der Häuser. Schließlich wechselte er in den Vertrieb von Spezialdüngern und Pflanzenschutzprodukten. Daneben ist er seit über 30 Jahren als Autor von Gartenbüchern und Beiträgen in Fachzeitschriften tätig.

Stichwortverzeichnis

*Seitenzahlen mit * verweisen auf Abbildungen*

Bildnachweis

Alle Bilder von Jörn Pinske, außer:
Becherer: 21, 25ol, 25ur, 26o, 26u, 27, 48, 51or, 54/55, 63r, 66/67, 74u, 78/79, 81u, 86o, 86u, 110/111, 112l, 133u, 137o, 138u, 138m, 139u
Bieker: 33m, 44/45, 80r, 100/101, 120o
Eisenbeiss: 90o, 105o, 118/119, 129ul
Hagen: 16ur, 32or, 35ul, 58o, 58m, 80l, 91ur, 98u
Henseler: 140o
Krieger: 64u, 139o
Redeleit: 91l, 96r, 99, 113ol
Romeis: 11o, 30/31, 32u, 33u, 34ul, 46o, 46u, 47o, 56l, 56r, 72, 81m, 81o, 88/89, 92o, 93u, 95, 104o, 113or, 113u, 124/125
Röth: 10, 13o, 17r, 22r, 23u, 87u, 128, 129o, 133o
Strauß: 6/7, 33o, 36, 37u, 59or, 68, 82, 90u, 102, 103u, 120ul, 122, 126l
Weigl: 15o, 106u, 108u, 116, 129ur

Layout Konzept Innenteil: Sabine Fuchs, fuchs_design, München

Umschlagfotos:
Pernilla Bergdahl/Garden Picture Library (Vorderseite);
Romeis (Rückseite)

Bibliografische Information Der Deutschen Nationalbibliothek
Die Deutsche Nationalbibliothek verzeichnet diese Publikation in der Deutschen Nationalbibliografie; detaillierte bibliografische Daten sind im Internet über http://dnb.d-nb.de abrufbar.

Neuausgabe des Titels »Orchideen für Einsteiger«

BLV Buchverlag GmbH & Co. KG
80797 München

Lektorat: Dr. Thomas Hagen
Herstellung: Hannelore Diehl
Layout: Anton Walter, Gundelfingen
DTP: agentur walter, Gundelfingen

Printed in Germany · ISBN 978-3-8354-0627-8